지도와 그림으로 보는
실크로드 세계사

지은이 **피터 프랭코판**

역사가이자 영국 옥스퍼드 대학 우스터칼리지 선임 특별 연구원, 옥스퍼드 대학 비잔틴 연구센터 소장이에요. 지은 책으로 《제1차 십자군》, 《실크로드 세계사: 고대 제국에서 G2 시대까지》가 있어요. 이 책의 성인판인 《실크로드 세계사: 고대 제국에서 G2 시대까지》는 세계적인 베스트셀러로 유럽뿐 아니라 중국과 인도 등 아시아에서도 '올해의 책'으로 선정되었어요.

그린이 **닐 패커**

《장미의 이름》, 《백 년 동안의 고독》, 《일리아드와 오디세이》 등 많은 책에 그림을 그려 왔으며, 영국 도서관 협회에서 선정하는 카네기 메달 수상 후보에 올랐어요. 그의 작품은 대영 박물관과 대영 도서관, 왕립 미술 아카데미에 전시되어 있지요.

옮긴이 **이재황**

서울대 동양사학과에서 공부하고 한국방송(KBS)·내외경제(현 헤럴드경제)·중앙일보 등에서 기자로 일했어요. 《실크로드 세계사: 고대 제국에서 G2 시대까지》로 58회 한국출판문화상 번역 부문을 수상했어요. 지은 책으로 《처음 읽는 한문》, 《한자의 재발견》 등이 있고 번역한 책으로 《1945 중국, 미국의 치명적 선택》, 《비잔티움 제국 최후의 날》, 《푸드 오디세이》 등이 있어요.

THE SILK ROADS

Text©Peter Frankopan, 2018
Illustrations©Neil Packer, 2018
All rights reserved.

Korean Translation Copyright©CUM LIBRO, 2018
Korean translation edition is published by arrangement
with Bloomsbury Publising Plc
through KCC(Korea copyright Center Inc.).

지도와 그림으로 보는 실크로드 세계사

1판 1쇄 발행 2018년 10월 15일
지은이 피터 프랭코판 **그린이** 닐 패커 **옮긴이** 이재황
펴낸이 류종필 **편집** 장이린 **디자인** 박미정 **마케팅** 김연일, 김유리
펴낸곳 (주)도서출판 책과함께 **주소** 서울시 마포구 동교로 70 소와소빌딩 2층
전화 02-335-1982 **팩스** 02-335-1316
전자우편 prpub@hanmail.net **블로그** blog.naver.com/prpub **등록** 2003년 4월 3일 제25100-2003-392호
ISBN 979-11-88990-02-3 73900

이 책의 한국어판 저작권은 (주)한국저작권센터(KCC)를 통한
Bloomsbury Publishing Plc와의 독점 계약으로 '(주)도서출판 책과함께'가 소유합니다.
저작권법에 의하여 한국 내에서 보호를 받는 저작물이므로 무단 전재 및 복제를 금합니다.

이 도서의 국립중앙도서관 출판시 도서목록(CIP)은 서지정보유통지원시스템 홈페이지(http://seoji.go.kr)와
국가자료공동목록시스템(http://www.nl.go.kr/kolisnet)에서 이용하실 수 있습니다. (CIP제어번호: CIP2018017286)

일러두기
· 각국의 인명과 지명은 기본적으로 외래어 표기법을 따랐습니다. 다만 한 가지 원칙이나 일관성을 지키기에는 이 책이 포괄하는 기간, 지역, 나라가 원체 길고 많고 복잡하여 필요한 경우 병기를 하는 등 다소 융통성을 부여했습니다.
· 이 책은 경우에 따라 《실크로드 세계사: 고대 제국에서 G2 시대까지》(피터 프랭코판 지음, 이재황 번역, 책과함께, 2017)를 참고하여 내용을 보충했습니다.

지도와 그림으로 보는

실크로드 세계사

피터 프랭코판 지음 | 닐 패커 그림 | 이재황 옮김

책과함께 어린이

차례

머리말 8

제1장 고대 세계의 길들 15

제2장 신앙의 길 22

제3장 혼돈으로 가는 길 29

제4장 이슬람으로 가는 길 35

제5장 지혜로 가는 길 45

제6장 노예의 길 55

제7장 천국으로 가는 길 63

제8장 지옥으로 가는 길 67

제9장 신세계로 가는 길 75

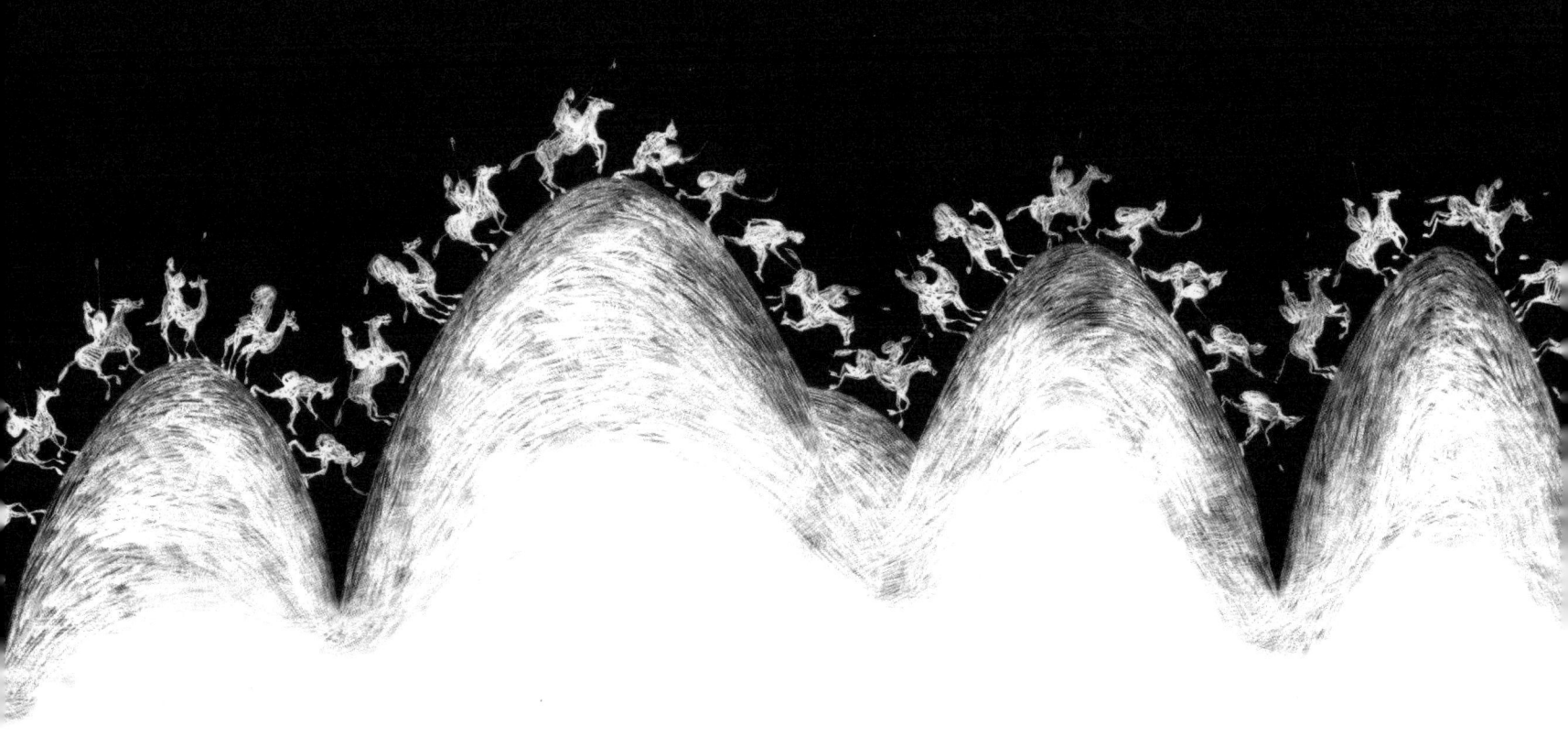

제10장	북유럽으로 가는 길	**83**
제11장	대결로 가는 길	**89**
제12장	전쟁으로 가는 길	**95**
제13장	재앙으로 가는 길	**103**
제14장	재난으로 가는 길	**107**
제15장	깨달음으로 가는 길	**115**
제16장	새로운 실크로드	**125**

감사의 말 128

알고 보면 더 재미난 실크로드 이야기 129

머리말

어릴 적 내 방 벽에는 세계 지도가 붙어 있었어. 아침에 눈을 뜨거나 저녁에 잠자리에 들 때마다 지도를 빤히 들여다보고는 했지. 여러 대륙과 바다의 엄청난 크기에 감탄하며 말이야. 지도 속 산맥과 사막과 강들을 짚어 가며, 나는 전 세계 모든 나라와 수도 이름을 기억하려고 했어.

학교에서는 내가 살고 있는 유럽과 영국의 역사 그리고 지리에 대해 많은 것을 배웠어. 나는 이 시간이 즐거웠지만, 집에서 부모님과는 주로 다른 나라에 대해 이야기했어. 그 나라들이야말로 내가 알아야만 하는 곳이라고 생각했지. 세계 곳곳에서 사람들이 서로 싸우고 있음에도 그 이유를 알 수 없었으니까. 세상은 계속 변하고 있었어. 좋은 방식으로든 나쁜 방식으로든 말이야. 나는 뉴스를 보며, 사람들의 삶은 어떤 식으로든 서로 영향을 미친다는 것을 깨달았지.

우리는 과거를 알기 위해 역사를 공부해. 그러나 역사를 공부하는 이유는 오늘날 벌어지는 일들을 이해하기 위한 것이기도 하단다. 우리가 걸어온 길을 더듬으며, 왜 하필 지금 서 있는 이 길을 선택했는지 헤아리는 것과도 같아. 우리가 이리저리 내디딘 발자국 하나하나를 살펴봐도 흥미롭지만, 걸어온 과정을 한눈에 바라보는 것도 뜻깊은 일일 거야.

벽에 붙어 있는 지도를 바라보다가, 나는 러시아가 어떤 곳인지 알고 싶어졌어. 당시 러시아는 핵무기를 만들고 있었어. 그 무기들은 우리 학교와 아주 가까운 쪽을 겨냥하고 있었지. 나는 서아시아도 궁금했어. 매일같이 끔찍한 테러가 일어날 것만 같지만, 세계 종교들이 탄생한 곳이었지. 중국과 이란과 인도·파키스탄에 대해서도 알고 싶었어. 과거 그곳에 거대한 제국이 있었기 때문만은 아니야. 과거에도 세계를 지배했듯 오늘날에도 그 영향력을 무시할 수 없는 나라라고 생각했어. 아프리카 사람들과 그곳 역사·지리·문화에 대해서도 배우고 싶었어. 아프리카는 다른 대륙과 어떤 점이 비슷하고 다른지도 말이야.

하지만 학교에서는 이런 것들을 가르쳐 주지 않았어. 그 대신 영국 왕 헨리 8세와 그 여섯 왕비에 대해서만 잔뜩 배웠지(첫 왕비와 네 번째 왕비는 이혼했고, 두 번째와 다섯 번째 왕비는 사형되었으며, 세 번째 왕비는 아이를 낳은 지 얼마 안 돼 죽었고, 마지막 왕비만이 남편이 죽을 때까지 그 자리를 지켰단다.).

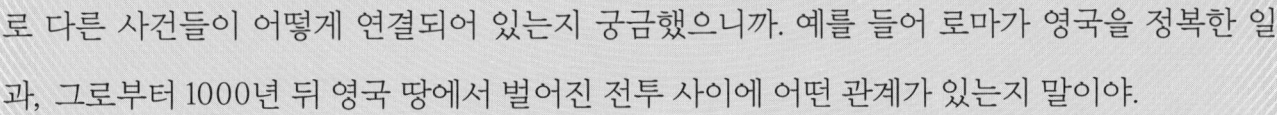

내가 알고 싶은 다른 나라에 대한 책이 있었으면 좋겠다고 생각했어. 과거에 벌어진 서로 다른 사건들이 어떻게 연결되어 있는지 궁금했으니까. 예를 들어 로마가 영국을 정복한 일과, 그로부터 1000년 뒤 영국 땅에서 벌어진 전투 사이에 어떤 관계가 있는지 말이야.

나는 역사를 읽고 쓰며 그 연결 고리를 찾는 데 일생을 바치기로 했어. 어릴 적 학교에서 배운 것보다 세계사를 더 잘 설명해 내기를 바라면서 말이지. 그 과정에서 여러 학자와 작가들의 도움을 받았는데 그중 많은 이들은 수백 년, 심지어는 수천 년 전에 살았던 사람들이란다. 그 가운데 페르디난트 폰 리히트호펜이라는 독일 사람이 있어(그의 조카는 제1차 세계 대전 때 이름을 날린 당시 최고의 전투기 조종사야.). 그는 아시아·유럽·아프리카가 교류하던, 동서양을 잇는 길 이름을 지었지. 이 길을 거쳐 간 수많은 물건에서 이름을 따올 수도 있었을 거야. 향신료나 도자기 등 다양한 물건들이 수천 킬로미터에 이르는 이 길을 오갔으니까. 그러나 그가 지은 이름은 '비단길', 바로 '실크로드(Silk Road)'였단다.

실크로드는 시작도 끝도 없는 길이야. 실제로 만들어진 길을 가리키는 것은 아니니까. 실크로드는 물건과 사람과 사상 등이 동쪽에서 서쪽으로, 다시 서쪽에서 동쪽으로 흘러가던 거미줄 같은 연결망이지. 중국과 러시아 태평양 연안에서 유럽과 아프리카 대서양 연안까지, 그리고 북쪽 스칸디나비아 반도에서 남쪽 인도양까지 연결하는 길이란다.

실크로드를 우리 몸에 빗대자면 모든 부분을 연결하는 중추신경계와도 같아. 산소를 공급받고 이산화탄소를 걸러 주는 동맥과 정맥이라고 생각해도 좋아. 우리 몸을 제대로 이해하려면 피부 밑에 무엇이 있는지 알아야 해. 우리 몸 한 부분만 들여다볼 것이 아니라, 전체가 어떻게 연결되어 움직이는지도 살펴야 하지.

이 책에서 우리는 별로 들어 본 적 없는 낯선 곳에도 가 볼 거야. 이미 사라져 지도에 없는 곳도 있을 테고. 오늘날 투르크메니스탄에 메르브라는 도시가 있었는데, 어찌나 크고 아름다웠는지 '세계의 어머니'라고 불렸지. 이 화려한 도시는 800년 전에 전쟁이 벌어지는 바람에 파괴됐고, 결국 흔적조차 남지 않았어.

모습이 바뀐 곳도 있어. 지금은 전쟁으로 파괴된 카불이라는 도시야. 아프가니스탄의 수도지. 그러나 500년 전 이 도시에는 주변 나라에도 잘 알려진 아름다운 정원이 있었어. 이라크에 있는 모술이라는 도시도 지금은 폐허가 돼 있어. 테러 단체 아이에스(IS)의 공격으로 주민들은 엄청난 고통 속에 있지. 아이에스는 사람들을 인질로 붙잡아 인간 방패로 삼기도 했어. 그러나 1000년 전쯤 이 도시에는 거대한 공공 건물과 대중목욕탕이 있었어. 세계 최고의 화살과 말안장 등을 만들어 내던 곳이었지.

우리가 힘든 시대를 살고 있다는 사람도 있을 거야. 다들 살기 어렵다고 하니 그 말이 그럴 듯하게 들릴 수도 있겠지. 그러나 여태껏 지금처럼 좋은 시대는 없었어. 여행이 그 어느 때보다도 쉬워졌고

머리말

사람들 건강도 놀라울 만큼 좋아졌어. 옛날에는 아이를 낳다 죽거나 갓난아이가 일찍 죽는 일이 많았지만 지금은 아니야. 깨끗한 수돗물을 이용하며 어린아이들이 건강하게 자랄 수 있게 되었지. 부모님이나 할머니·할아버지 세대보다 그 가능성이 훨씬 더 높아졌어.

아이들이 책을 읽고 글을 쓸 기회도 훨씬 많아졌어. 무언가를 배우거나 찾아내는 일도 인류 역사 그 어느 때보다 쉽게 할 수 있어. 다른 곳으로 이동하는 일도 재빨리, 순식간에 할 수 있지. 무슨 초능력이라도 있는 것처럼 말이야. 예전에 비하면 우리는 너무도 자유롭게 이동하고 배우며 살아 나갈 수 있어.

어릴 적 침대 맡에 붙어 있던 지도를 보며 나의 긴 여행은 시작되었어. 지금도 지도를 들여다보며, 내가 잘 모르던 곳들을 알아 가는 게 즐거워. 언제나 이 세계에 대해 더 많은 것을 배워 나가고 싶어. 너희도 그랬으면 좋겠어. 우리가 사는 세계를 제대로 이해할 수 있는 가장 좋은 출발점은 바로 여기 '실크로드'에 있단다.

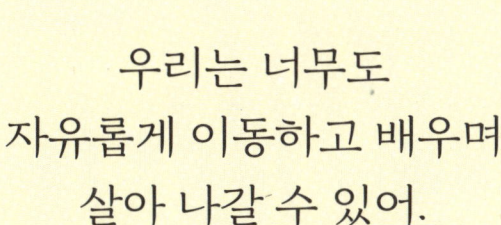

> 우리는 너무도
> 자유롭게 이동하고 배우며
> 살아 나갈 수 있어.
> -피터 프랭코판

고대 세계

역사상 최초의 마을과 도시들은 실크로드를 따라 들어섰어. 고대 세계의 유명한 도시 대부분은 오늘날 우리에게 이름부터 알쏭달쏭할 거야. 그러나 이 도시들은 멀리 떨어진 여러 제국들이 상품과 사상, 언어와 신앙을 주고받던 곳이었어. 우리의 이야기는 여기서부터 시작된단다.

제 1 장

고대 세계의 길들

유럽과 **아시아를** 아우르는 땅, 유라시아 한복판은 문명이 탄생한 곳이야. 티그리스 강과 유프라테스 강 기슭의 고대 메소포타미아 지역에는 우리가 알고 있는 최초의 마을과 도시들이 자리 잡고 있었어.

강에서 흘러나오는 풍부한 물은 도시 사람들에게 생명의 젖줄이 되었지. 덕분에 니네베·우루크 같은 도시 주민들은 깨끗하고 건강한 생활을 꾸려 나갈 수 있었어. 물은 강기슭을 따라 펼쳐진 들판을 더욱 기름지게 하였고, 농작물은 날마다 쑥쑥 자랐어. 그러니 '강 사이의 땅'이라는 이곳 메소포타미아에서 문명이 시작된 건 자연스러운 일일 거야.

《성경》에 나오는 에덴동산이 메소포타미아 지역에 있었다는 사람도 있어. 하느님이 맛있는 열매를 맺는 온갖 나무들을 돋아나게 하신 곳, 아담과 하와가 살았다던 그곳 말이야.

풍요로운 땅 메소포타미아에 펼쳐진 들판과 도시들은 점점 커졌어. 도시를 다스리던 왕들은 더 많은 땅을 정복하며 권세를 휘둘렀고 제국이 탄생했지.

왕들은 제국을 오랫동안 다스리려면 질서를 바로잡고 조직도 잘 짜야 한다는 것을 알고 있었어. 그래서 법과 질서는 매우 중요했고, 인류 최초의 법전 가운데 하나도 바로 유라시아 한복판에서 나왔지. 4000년 전, 바빌로니아 왕 함무라비가 만든 법전이 그중 하나란다.

고대 사람들은 지혜로웠어. 수백 킬로미터 떨어진 곳에 편지를 빨리 전하기 위해 길을 닦았지. 나라에서는 상인들이 백성들에게 바가지를 씌우지 못하도록 관리했어. 덕분에 제값에 물건을 사고팔 수 있었지. 세금을 공평하고 알맞게 거두는 일도 이곳에서는 언제나 순조롭게 이루어졌어.

고대의 가장 큰 제국은 단연 페르시아였어.

페르시아 서쪽으로는 지중해가, 동쪽으로는 히말라야 산맥이 뻗쳐 있었지. 페르세폴리스·파사르가대·수사 같은 도시에는 웅장한 건물들이 들어찼고 페르시아 왕은 막강한 힘을 휘둘렀어.

페르시아 사람들은 새로운 것을 받아들이는 데 거리낌이 없었어. 새로운 유행을 쉽게 받아들이고, 새로운 음식이나 처음 보는 사치품들을 주저 없이 즐겼지. 좋은 점이 있다면 다른 나라 풍습이라도 기꺼이 받아들이며, 그동안 살아온 방식을 바꾸어 나가려고 했어.

페르시아는 이웃 나라에게 무시무시한 적이기도 했어. 페르시아의 공격을 받은 그리스는 페르시아가 얼마나 강력하고 대단한 제국인지 잘 알고 있었지. 물론 페르시아는 그리스와 치른 전투에서 쓴맛을 보았지만 말이야. 페르시아는 주변 나라들을 정복하며 계속해서 영토를 넓혀 나갔어. 적어도 알렉산드로스가 등장하기 전까지는 그랬단다.

알렉산드로스와 전투를 치르며 페르시아 상황은 완전히 뒤집혔어. 알렉산드로스는 동쪽으로 나아가며 이집트에서 페르시아군을 무너뜨렸어. 페르시아는 서둘러 병사들을 보냈지만 알렉산드로스 군대를 막을 수 없었지. 오늘날 이라크 북부인 가우가멜라 평원에서 승리를 거두며 알렉산드로스는 페르시아 제국을 완전히 무릎 꿇렸어. 페르시아를 정복한 알렉산드로스는 엄청난 속도로 아시아 한복판으로 나아갔어. 도시를 하나씩 점령했고, 그렇게 차지한 땅들을 지키기 위해 새로운 마을과 길, 요새를 만들었어.

알렉산드로스는 정복한 지역 주민들을 어떻게 대해야 하는지 잘 알고 있었어. 그는 부하들에게 이렇게 말했어.

"제국이 안정되길 바란다면 주민들을 너그럽게 대하라."

이렇게 해서 세계 중심부의 지배자가 된 알렉산드로스는 사방으로 뻗어 나간 영토를 다스리게 되었단다. 그 뒤 기원전 323년, 서른두 살인 젊은 나이에 그는 세상을 떠났지.

알렉산드로스가 정복한 땅에 새로운 도시들이 들어서며 동방과 서방이 하나로 연결되었어. 이전에도 양쪽으로 물건과 사람, 사상 등이 오고 갔지만 더 빠른 속도로 움직이기 시작했지. 인도 지배자는 심지어 다른 문화권에서 온 사람들도 알아들을 수 있도록, 여러 언어로 명령을 내렸어. 더 많은 상인과 여행자들, 학자들이 실크로드를 따라 몰려들었어.

이 시기 사람들은 시야를 넓혀, 자신이 사는 세상 너머에 관심을 두기 시작했어. 기원전 200년쯤, 중국에 유방이라는 사람이 세운 한나라는 서쪽으로 땅을 넓히며 국경 너머 세계로 눈을 돌렸지. 한나라 역사가 사마천은 중국 서쪽 경계에 있는 메마른 사막과 험준한 산맥 너머에 무엇이 있는지 꼼꼼히 정리했단다. 더 나아가 흑해에서 태평양 연안까지 끝없이 펼쳐진 초원 지대도 살펴보았어. 사마천이 기원전 1세기에 펴낸 책에는 중앙아시아 곳곳에서 번성하던 상업 도시들이 나와 있어. 그는 이 도시들을 '온갖 물건들을 사고파는 곳'이라고 했지.

중국은 국경 너머 다른 나라와 꾸준히 교역을 이어 갔어. 보석과

시대를 뛰어넘어 가장 훌륭한 장군으로 알려진 알렉산드로스 대왕. 그는 세계 중심부를 지배했어.

진주 같은 이국적인 물건과 향신료뿐 아니라 오이·피스타치오·복숭아 같은 보기 드문 채소와 열매들도 비싼 값에 팔렸어. 덕분에 상인들은 엄청난 이익을 남길 수 있었어. 길고도 힘든 여행을 감수할 만큼 말이지.

상인들은 낙타를 타고 물건을 실어 날랐어. 중국 서부 사막을 지나는 길 주변에는 해골이 널려 있었지. 뜨겁고 물 한 방울 없는 사막에서는 모래 폭풍이 자주 일어 목숨이 위태로울 때가 많았어. 이들이 실어 나른 물건 중에서 가장 귀하게 거래된 것은 바로 비단이었어. 비단은 뽕잎을 먹는 누에의 고치를 이용하는데 만들기가 무척 까다로웠어. 당연히 부자들만 살 수 있는 사치품이었지. 부자들은 비단옷을 걸치며 돈이 많고 지위가 높음을 과시했어. 비단은 화폐로도 쓰였기에 더욱 가치 있는 물건이 되었단다.

비단은 중앙아시아 초원 지대에서 가축을 기르며 살던 유목민들에게 특히 인기 있었어. 반대로 중앙아시아 유목민들이 타던 말은 중국에서 인기가 대단했지. 힘이 좋은 중앙아시아 말을 보며, 중국 사람들은 용의 피를 이어받았다고 생각했어. 이 말들은 중국에서 시·조각·그림의 소재가 되었지. 중국의 한 황제는 그 말들을 너무나 아낀 나머지, 자신이 죽을 때 말 80마리를 무덤에 함께 묻으라고 했단다.

당시 유목민들은 무시무시하다고 소문나 있었어. 그중 '흉노'라는 부족은 날고기를 먹고 피를 마시는 야만족으로 알려져 있었지. 흉노가 두렵게 느껴질 수밖에 없었던 이유는 도시나 농촌 사

람들과 너무도 다른 방식으로 살고 있었기 때문이야. 이들은 무리지어 다니며 마을과 도시를 위협했어. 중국 사람들은 유목민들의 공격을 받지 않는 대가로 수시로 값비싼 선물을 보내야 했어. 가장 반기던 선물은 물론 비단이었지.

실크로드를 따라 교역이 점점 늘며 중국을 방문한 사람들도 많아졌어. 마침내 중국에서는 외국에 나갈 때 지녀야 하는 오늘날의 여권과 비슷한 것을 만들었단다. 무려 2000년 전에 말이야. 중국에 방문한 사람들이 어디서 왔으며 어떤 물건을 가지고 왔는지, 언제 도착해서 언제 떠나는지 등을 기록했어. 덕분에 나라에서는 상인들에게 세금을 얼마나 거두어야 하는지 정확하게 계산할 수 있었어. 관리들이 상인들의 돈을 뜯어내지 못하게 하고, 누가 언제 어디서 무엇을 사고파는지도 한눈에 알 수 있었지.

중국 사람들은 더 머나먼 곳에서 온 소식까지 손에 넣었어. 서쪽 끝에 있는 지중해와 로마 제국까지 말이야. 그곳 사람들은 키가 크고 잘생겼으며 돈이 많다고 했지. 로마에서도 중국에 대한 관심이 엄청났어. 그들이 생각하는 아시아는 늘 한가로이 사치를 즐기며, 믿을 수 없을 만큼 다양한 물건이 있는 곳이었어. 로마 사람들은 아시아가 너무 궁금한 나머지 심지어 중국까지 사람을 보내기도 했단다. 중국산 비단은 로마 제국에서도 부를 과시하는 데 쓰였어. 몇몇 사람들은 비단옷이 유행하는 것을 탐탁지 않게 여겼지. 이들은 로마 돈이 밖으로 빠져나가는 것을 우려하며, 왜 그토록 비싼 값을 치러 비단을 수입하느냐고 했어. 비단을 걸친 모습은 품위도 없고,

전혀 아름다워 보이지 않는다고 말했지.

그럼에도 대륙을 가로질러 더 많은 물건들이 오갔어. 비단뿐만 아니라 구리와 금, 유향, 중앙아시아 광산에서 나는 청금석이라는 푸른 보석도 거래되었어. 교역이 이루어지는 길을 따라 마을도 활기를 띠었어. 늘 돈 많은 상인들로 북적였고 마을은 도시로, 도시는 대도시로 발전했지. 동서양을 잇는 교역 중심지에는 엄청나게 크고 신기한 건물들도 들어섰어. 대표적인 도시가 시리아 사막 끄트머리에 있던 팔미라와, 오늘날 요르단에 있는 페트라야.

이런 도시들을 지배하던 사람들은 교역으로 엄청난 부를 쌓으며 힘을 키워 나갔어. 이들은 마침내 근사한 궁전을 짓고 나라를 세웠지. 수천 년 동안 그러했듯, 그 시대 왕들도 나라를 공정하게 통치하는 것이 무엇보다 중요한 일임을 알고 있었단다.

그렇다고 2000년 전 세계가 늘 평화로웠던 것만은 아니야. 실크로드를 따라 자리 잡은 나라들끼리 자주 경쟁을 벌였으니까. 그러면서도 아시아와 유럽, 북아프리카는 서로 가까이 연결돼

인도에서 전해 오는 시에, 로마 상인이 등장해.
배에 후추를 가득 싣고 하얀 물거품을 일으키며
돌아갔다고 하지.

있었단다. 로마에서 만들어진 물건들이 아시아 동쪽 끝으로 갔고, 아시아 맨 끝에서 만들어진 물건들이 서쪽 지중해 지역으로 건너갔지. 북아프리카에서 만들어진 그릇이 북쪽으로 수천 킬로미터나 떨어진 오늘날 영국 북부 스코틀랜드에서 쓰였고, 페르시아에서 만들어진 매끄러운 도자기도 배에 실려 스리랑카와 동남아시아, 중국으로 부지런히 팔려 나갔단다.

고대 세계는 우리가 생각하는 것보다 훨씬 더 복잡하게 얽혀 있었어. 수천 년 전 사람들도 우리처럼 낯선 세계에 호기심을 느꼈지. 실크로드뿐만 아니라 다른 대륙 사람들도 마찬가지였어. 중앙아메리카나 아프리카 중남부에서도 말이야. 이곳 사람들은 2000년도 더 전에 드넓은 땅에서 문명을 발전시켰지.

과학 기술이 발전한 오늘날은 더 빨리 여행하고 무역도 쉬워졌어. 지구 반대편에서 벌어지는 일들도 수시로 알 수 있게 되었고. 이런 걸 '세계화'라고 하며, 마치 오늘날 벌어진 새로운 변화로 생각하지. 그러나 알고 보면 전혀 새로운 게 아니란다. 2000년 전에도 그랬으니까.

제 2 장

신앙의 길

동쪽 태평양과 서쪽 지중해, 그 사이의 중앙아시아, 인도, 페르시아 만을 잇는 실크로드를 따라 흘러간 것은 물건만이 아니었어. 사람들의 생각, 사상도 있었지. 가장 강력한 사상은 신에 대한 것이었어. 신은 어떤 일을 하는지, 우리 삶은 어떻게 시작됐고 어떤 의미가 있는지 알고자 했지. 사람들에게 이런 물음들은 정말 중요한 것이었어.

여러 사상과 신, 종교 중에 서로 자신이 믿는 것이 옳다며 다툼도 벌였어. 고대 사람들은 아주 단순한 일부터 신비로운 일까지 이 세상에서 벌어지는 모든 일들의 이유를 알고 싶어 했는데, 신앙은 그 답이 되어 주었단다. 가뭄은 왜 생길까? 내가 사랑하던 사람은 왜 죽었을까? 이웃을 잘 대해 주어야 하는 이유는 무엇일까? 이런 문제에 대해서도 말이야.

사람들이 선택할 수 있는 종교는 많았어. 인도에서 탄생한 힌두교·자이나교·불교가 실크로드를 통해 퍼져 나가, 페르시아에 뿌리를 둔 조로아스터교·마니교와 경쟁을 벌였지. 좀 더 서쪽에 있는 예루살렘에서는 유대교와 기독교가 탄생했고, 이슬람교도 나중에 그 부근에서 시작된단다.

사람들은 전쟁에서 이기면 신이 보호하신 덕분으로 여겼으며, 진짜 신을 믿으면 잘살고 가짜 신을 믿으면 천벌을 받는다고 생각했지. 이런 등식은 단순하지만 강력했어.

종교는 서로 맞대결을 펼치면서도 닮아 갔어. 어느 날, 그리스 출신 알렉산드로스와 그 군대가 정복한 아시아 땅에 그리스 신전을 세웠어. 아시아 한복판에 그리스 신전이 세워지자 북인도 지역에서 불교를 전파하던 사람들은 잔뜩 긴장했어. 불교와 전혀 상관없는 다른 종교 행사가 늘고, 눈앞에 그리스 신 그림과 조각상이 세워지는 것을 보며 위기를 느꼈지. 결국 그들은 경쟁력을 키우기 위해 스스로 변화하기로 했어.

원래 부처의 가르침은 기본적이고 간단한 것이었단다.

개인적인 수양을 하며 열반, 즉 평화로운 상태에 이르는 것이었지. 그러나 새로이 그리스 신앙이 전파되자, 불교로 사람들을 끌어들일 만한 장치가 필요해진 거야. 부처에게 절할 수 있는 장소나 불상을 마련했고, 불교 행사 때 악사들을 모아 북을 치고 나팔을 불도록 했지. 불교를 눈에 잘 띄게 하기 위해서였어.

이런 노력은 그런대로 성공을 거두었어. 1세기 무렵, 불교는 승려와 여행자, 무엇보다 상인들 덕분에 더욱 빠르게 퍼져 나갔지. 상인들은 아시아 한복판에서 중국 깊숙이까지 먼 거리를 오갔어. 여행길 안전을 지켜 주고 돈도 많이 벌게 해 달라며, 상인들은 불상 옆 바위에 자기 이름을 새기고 간절히 빌었어.

불교가 널리 퍼지면서 거대한 건축물이 지어졌어. 아프가니스탄 카불 주변에는 절이 수십 개 지어졌는데, 그 가운데 한 절은 벽을 대리석으로 만들었고, 문에 금을 입혔으며 바닥에 순은을 깔았어. 중국 서쪽 지역에는 돌로 만든 석굴 사원도 만들어졌어. 거기에는 명상할 수 있는 공간과 숙소도 마련돼 있었지. 얼마 지나지 않아 벼랑에도 거대한 불상이 조각되었단다. 아프가니스탄 바미얀 석굴도 그중 하나지. 거대한 바위를 파내 만든 이 불상을 2001년, 무장 단체인 탈레반이 폭파해 버렸어.

실크로드를 따라 퍼져 나간 종교는 불교만이 아니었어. 선교를 하러 떠난 기독교인들은 아시

불교가 널리 퍼지면서 거대한 건축물이 지어졌어. 아프가니스탄 카불 주변에는 절이 40개나 들어섰어.

아 깊숙한 곳까지 기독교를 전파했어. 지금 이라크에 있는 모술·바스라와, 스리랑카와 중국에 있는 도시에도 기독교인이 급격히 늘었지. 이들은 모여 구역을 이루었고, 규모가 커지자 성직자를 감독할 주교도 파견되었어.

기독교 하면 흔히 유럽 대륙과 가장 가깝게 느끼겠지만, 사실 초기에는 아시아에서 번성한 종교란다. 예수가 탄생하고 십자가에 못 박힌 곳도 아시아에 있지. 기독교는 아프리카에도 널리 퍼졌어. 지금도 이집트에는 기독교인들이 많이 살고 있어.

종교가 널리 퍼지는 것이 누구에게나 반가운 일은 아니었어.

이기는 쪽이 있으면 지는 쪽도 있는 법이지. 기독교인이 늘자, 사산 왕조 페르시아는 큰 위협을 느꼈어. 사산 왕조 페르시아는 고대 페르시아가 지배했던 땅 대부분과 그 외의 지역까지 차지했던 강력한 제국으로, 이들의 종교는 조로아스터교였어.

조로아스터교는 기원전 1000년 무렵에 살았던 한 위대한 예언자의 가르침을 바탕으로 세워졌어. 이 종교는 세계가 선과 악, 밝음과 어두움, 질서와 혼란으로 나뉘었다고 가르쳤어. 그런데 다른 종교를 믿는 사람들이 늘자, 조로아스터교 성직자들은 이들을 박해하기 시작했단다. 기독교와 불교, 힌두교와 유대교 할 것 없이 말이야. 종교가 다른 사람들에게 얼마나 잔인하게 굴었는지 업적인양 기념비에 새기기도 했지. 이런 비석은 오늘날까지 남아 있어.

로마에서는 어땠을까? 기독교가 처음 전파되었을 때는 별다른 문제가 되지 않았지. 점차 로마 사회에 깊이 뿌리내리자, 기독교가 로마를 위협한다고 여기게 되었어. 기독교 박해가 시작된 거야. 기독교인 수천 명이 살해되었고, 한쪽이 죽을 때까지 싸워야 하는 검투사 시합에도 동원되었어.

그러던 기독교의 운명은 로마 황제 콘스탄티누스로 말미암아 바뀌었어. 콘스탄티누스는 전투에 나서기 직전 하늘에 떠 있는 해를 올려다보았어. 그러다가 십자가와, 그 너머에 적힌 글귀를 보았지. 이 표시가 승리로 이끌 거라는 내용이었어. 콘스탄티누스는 자신이 본 대로 방패에 십자가 모양을 새겨 넣도록 했고, 전투에서 승리했어. 그는 이 일을 계기로 기독교인으로 살기

콘스탄티누스 황제는 하늘에서 십자가 형상과 함께 '승리할 것'이라는 글귀를 보았어.

로 했단다. 물론 기독교 박해도 끝냈지.

죽음을 얼마 남겨 두지 않은 어느 날, 콘스탄티누스는 기독교가 널리 전파되었으면 하는 마음으로 사산 왕조 페르시아 왕에게 편지를 보냈단다. 그곳에 사는 기독교인들을 보호해 달라는 내용이었어. 그러지 않으면 벌을 받을 거라는 말까지 남겼지.

로마 제국과 사산 왕조 페르시아는 오랫동안 원수 사이였단다. 두 나라는 틈만 나면 전쟁을 벌였지. 불과 수십 년 전, 로마 황제 발레리아누스가 사산 왕조 페르시아를 공격했다가 사로잡힌 적이 있었어. 포로가 된 발레리아누스는 죽을 때까지 비참한 삶을 살았는데, 바로 페르시아 왕을 위한 인간 발판으로 쓰였단다. 페르시아 왕이 말에 오를 때마다 그는 등을 구부렸다가 들어 올려야 했지.

다시 돌아와, 콘스탄티누스의 편지를 받은 페르시아 왕은 어땠을까? 필요하다면 무력을 써서라도 기독교를 전파하겠다는 의지로 받아들였지. 그리하여 결과는 콘스탄티누스 바람과 정반대가 되었어. 페르시아 왕은 기독교로부터 자신들의 종교를 지켜 내야 한다는 마음을 더욱 굳게 먹게 된 거야. 결국 사산 왕조 페르시아에 있던 기독교인들이 한꺼번에 수십 명씩 처형되었어.

종교는 언제나 믿음 이상의 것이었어. 정치와 출세 같은 것과 얽혀 있었으니까. 상황이 좋을 때는 다른 종교의 관습도 너그럽게 받아들일 만했지. 그러나 기후가 변하거나 경제가 어렵거나 군사 위협을 받는 등 상황이 어려워지면 언제나 소수 집단이 박해를 받게 돼 있단다. 서로 종교는 다르지만 함께 어울려 지내기란 옛날이나 지금이나 무척이나 어려운 일인가 봐.

제 3 장

혼돈으로 가는 길

로마는 유럽뿐만 아니라 북아프리카와 이집트 부유한 지방까지 아우르는 거대한 제국이 되었어. 드넓은 땅을 다스리던 로마 황제들은 오래 전부터, 동쪽 지역을 잘 살피는 게 얼마나 중요한지 알고 있었지. 위기도 기회도 바로 동방에서 찾아왔으니까. 동쪽에 있는 나라들을 신경 쓰는 건 콘스탄티누스 황제도 마찬가지였어. 그는 324년, 동방과 맞닿은 곳에 새로운 도시를 만들기 시작했어. 유럽과 아시아가 만나는 지점, 오늘날 터키 이스탄불에 말이야.

이 도시는 '새로운 로마'로 불렸어. 제국의 수도 로마와 맞먹을 정도로 웅장하게 설계했고, 커다란 궁전과 물을 끌어다 쓸 수 있는 수로 시설도 만들었어. 전차 경주가 벌어지는 거대한 경마장도 지었지. 어느 한쪽이 죽을 때까지 싸워야 했던 잔인한 검투사 경기에 비하면 피비린내 맡을 일도 없었어.

이 새 도시는 수도 로마만큼이나 중요해졌고, 도시를 세운 콘스탄티누스 이름을 따 콘스탄티노폴리스로 불렸어. 395년, 로마 제국은 동로마와 서로마로 나뉘는데, 콘스탄티노폴리스는 동로마 제국(비잔티움 제국)의 수도가 된단다.

그런데 콘스탄티노폴리스에 들이닥친 첫 위기는 사산 왕조 페르시아가 아닌 다른 곳에서 찾아왔어. 300년대 중반, 세계 기후가 변하기 시작하면서부터야. 빙하가 녹고 해수면이 올라가며 낮은 땅은 물에 잠겼고, 흑해 북쪽 가장자리까지 펼쳐진 초원 지대도 환경이 바뀌었어. 이는 중

혼돈으로 가는 길

앙아시아 넓은 초원에서 뿔뿔이 살아가던 부족들이 한데 뭉치는 계기가 되었지. 그중 한 부족이 지배자로 나서 다른 부족을 무릎 꿇렸는데 바로 흉노야. 흉노는 고대 중국 사람들을 두려움에 떨게 했어. 만리장성을 쌓은 것도 이들을 막기 위해서였지. 흉노는 서양에서 '훈족'으로 불려.

훈족은 다른 모든 세계를 공포 속에 몰아넣었어. 그들은 생긴 것도 무시무시했단다. 말을 타며 보내는 시간이 많기 때문에 신체도 변형돼 마치 뒷다리로 일어선 동물처럼 보였어. 사내아이가 크면 뺨을 긁어 수염이 자라나지 못하게 했지. 사는 모습도 농사를 짓고 사는 사람들과는 너무 달랐어. 들쥐 가죽으로 옷을 해 입고 나무뿌리와 날고기를 먹었지. 그들은 마치 늑대처럼 행동하고 그저 남의 것을 훔치려고만 한다고 한 작가는 적었어.

훈족을 피해 이동하던 다른 부족들은 서쪽으로 내쫓기다시피 했어. 급기야 그들은 로마 땅까지 쏟아져 들어왔단다. 가뜩이나 약해진 로마 제국은 혼란에 빠졌지. 혼란스럽기는 사산 왕조 페르시아도 마찬가지였어. 여러 부족들이 몰려오자 페르시아 사람들은 터전을 버리고 서둘러 도망쳤어. 사람들이 모두 떠난 마을은 폐허가 되었지.

훈족은 날고기를 넓적다리 사이에 끼워 놓고 데워 먹었어.

상황이 너무나 나빠지자, 서로 으르렁거리던 로마 제국과 사산 왕조 페르시아는 손을 맞잡고 힘을 합치기로 했단다. 유목민들이 산맥을 넘어 쳐들어오지 못하도록 중앙아시아 초원 지대와 가까운 페르시아 땅, 카스피 해 부근에 거대한 성벽을 세웠어. 성벽 짓는 비용도 함께 부담했지. 두 나라가 한편이라는 것을 알리기 위해 한 로마 황제는 자기 뒤를 이을 아들의 후견인으로 페르시아 왕을 임명했어.

하지만 때는 너무 늦었단다. 성벽은 굳게 지켰지만, 다른 곳까지 막을 수는 없었지. 서쪽에서 고트족이 훈족을 피해 로마 땅으로 밀려 들어왔고, 로마는 혼란에 빠졌지. 이는 단지 시작일 뿐이었어. 여러 부족들이 뒤범벅되어 로마로 쏟아져 들어왔어. 410년, 수도 로마가 함락되었다는 소식에 히에로니무스라는 신학자는 이런 글을 남겼단다.

"어떻게 이런 일이 일어날 수 있을까?
전 세계를 정복한 로마가 정복되었다니!
누가 이를 믿을 수 있을까?"

하지만 지금까지 벌어진 일은 그리 나쁜 일도 아니라는 듯, 더 큰 위기가 닥쳤어. 훈족이 유럽에 나타난 거야. 훈족의 왕 '아틸라'는 이름만 들어도 벌벌 떨 정도로 무시무시한 사람이었지. 그는 15년 동안 유럽 도시들을 차례대로 짓밟았고, 거대한 성벽이 굳건히 버티고 있는 콘스탄티노폴리스를 공격하여 막대한 몸값을 뜯어냈어. 유럽을 휘젓고 다니던 아틸라는 너무도 허무하게 세상을 떠났는데, 술에 취해 해롱대다 쓰러져 다시는 눈을 뜨지 못했다고 해.

아틸라가 사망하며 훈족은 서서히 무너졌지만, 서로마 제국이 있던 땅은 번영을 되찾기까지 수백 년을 더 기다려야 했어. 장거리 무역과 여행은 거의 중단되고, 시시한 물건이나 주고받는 지역 시장이 돼 버렸지. 거대한 석조 건물도 사라졌단다. 하지만 훈족의 침입에서 살아남은 동로마 제국은 달랐어. 콘스탄티노폴리스에는 소피아 성당 같은 웅장한 건물이 세워졌고, 페르시아에도 새로운 도시들이 들어섰어. 그리고 유럽·아시아·아프리카 사이에 교역이 다시 시작되었지. 실크로드를 따라 물건이 오고 간 거야.

중앙아시아 오아시스에 '소그드'라는 민족이 있었는데, 그 상인들의 활약이 대단했어. 소그드 상인들은 낙타를 몰고 다니는 중간상인들로, 향신료와 보석 같은 사치품들을 한 시장에서 다른 시장으로 실어 날랐어. 무엇보다 중국에서 만든 비단이 지중해 지역까지 전해지는 데 중요한 역할을 했지. 그렇다고 늘 물건이 동쪽에서 서쪽으로 간 것은 아니야. 반대 방향으로도 전해져, 콘스탄티노폴리스에서 만든 화폐가 중앙아시아와 멀리 중국에서도 발견되었단다. 물건이 거래되며 유행과 음식, 문화와 신앙에 대한 생각도 널리 퍼질 수 있었어. 이 시기 중국 기록을 보면, 교역로에 도적이나 강도가 없었고 사람들은 안전과 평화를 누렸다고 나와 있지.

그러나 그 평화는 오래가지 않았어.

사산 왕조 페르시아와 동로마 제국이 다시 전쟁을 시작한 거야. 처음에 운명은 분명 페르시아 편인 듯했어. 안티오키아·예루살렘·알렉산드리아 같은 동로마 큰 도시들이 하나씩 무너졌으니까. 626년에는 콘스탄티노폴리스마저 함락될 듯했단다. 그런데 행운은 동로마에게 돌아갔지. 동로마 헤라클리우스 황제가 페르시아 공격을 물리친 거야. 곧 동로마 제국은 잃었던 모든 땅을 되찾고, 오랜 적을 영영 없애 버릴 듯했지. 몇 달 사이 분위기는 절망에서 기쁨으로 확 바뀌었어.

전쟁은 끝났지만 두 나라의 갈등은 30년 동안 끊이지

**아틸라가 이끈 훈족은
눈앞에 있는 모든 것을 쓸어버렸어.**

않았어. 동로마는 승리했음에도 값비싼 대가를 치러야 했지. 사람들의 일상은 전쟁 전 평화로웠던 때로 되돌릴 수 없었단다. 농업과 무역이 제대로 이루어지지 않았고, 전쟁 때 가족을 잃은 사람들은 슬픔에서 헤어 나오지 못했지. 그러니 두 나라 가운데 어느 한쪽이 완전히 승리했다고 볼 수도 없었어.

이때 새로운 소리가 들리기 시작했어. 남쪽, 아라비아 반도 깊숙한 곳에서 나는 소리였지. 이곳에서 새로운 종교가 탄생한 거야.

초원 지대 귀족 여성의 모습이야.
화려한 옷차림을 하고 있지?
고고학자들이 최근에 발굴한
자료란다.

제 4 장

이슬람으로 가는 길

아시아 다른 지역과 마찬가지로 아라비아 반도도 종교와 신앙 문제로 매우 시끄러웠어. 신은 여럿이라고 믿는 사람도 있었고, 신은 오직 하나뿐이라는 입장도 있었지. 유대교와 기독교는 오직 하나뿐인 신, 유일신을 믿었어. 600년 무렵, 아라비아 반도에는 여러 신을 믿는 다신교부터 유일신을 믿는 유대교와 기독교까지, 다양한 종교가 있었단다.

북쪽에서는 동로마 제국과 사산 왕조 페르시아가 전쟁을 벌이는 가운데 610년, 무함마드라는 상인이 메카에서 멀지 않은 동굴에서 명상을 하다가 신의 계시를 받았어. '하느님의 이름으로' 시를 낭송하라는 목소리를 들은 거야. 그는 이후에도 몇 해에 걸쳐 신의 목소리를 들었지. 그 내용은 수십 년 뒤 기록되었는데, 이를 책으로 묶은 것이 바로 이슬람교 경전인 《쿠란》이란다.

무함마드는 사람들에게 신의 메시지를 알렸어. 하느님은 정이 많고 자비로우신 분이라고 했지. 하느님의 가르침을 따르는 사람은 창고가 넘칠 만큼 풍성한 곡식을 거둘 것이며, 포도주와 꿀이 강물처럼 흐르는 낙원을 맛볼 수 있을 거라고도 했어.

이 시기 동로마 제국과 사산 왕조 페르시아의 갈등으로, 아라비아 반도는 무역에 어려움을 겪고 있었어. 교역로가 막히면서 예전처럼 동서양이 자유롭게 왕래할 수 없게 된 거야. 이런 상황에서 무함마드의 주장은 더욱 솔깃하게 들려왔지.

무함마드가 전하기를, 하느님은 복종하지 않는 자에게는 벌을 내리신다고 했어. 나아가 자신을 따르는 자들에게 맞서는 것은 하느님을 공격하는 것이나 마찬가지라고 했지. 이런 사람들은 지옥에서 살갗이 불에 타는 끔찍한 고통을 영원히 겪을 거라고 했어.

이 말을 들은 메카 지배층은 분노했어. 무함마드는 이들의 박해를 피해 622년, 야스리브(나중에 '메디나'로 이름이 바뀐단다.)라는 도시로 달아났어. 이 도피 사건을 '헤지라'라고 하지. 이슬람 역사가 시작된 순간이었어. 무함마드는 아라비아의 여러 부족들을 하나로 통합하고자 했어. 그는 단결을 매우 중요시했는데, 《쿠란》에서도 분열은 사탄이 일으키는 거라며 경고하고 있지. 《쿠란》 구절은 아라비아 사람들의 언어로 써 있었어.

아라비아 사람이라면 《쿠란》을 읽으며 하나 된 걸 느낄 수 있었어.

유목민이든 도시에서 생활하든 어느 부족에 속해 있든지 말이야. 이러한 점은 이슬람교가 널리 퍼지는 데 중요한 역할을 했단다. 또 다른 이유는 이슬람교를 먼저 믿은 사람에게 더 많은 혜택을 주었기 때문이야. 무함마드 군대는 이슬람교를 믿지 않는 세력과 자주 전투를 벌였어. 적에게서 빼앗은 물품을 나눌 때, 이슬람교를 더 일찍 받아들인 사람에게 더 많은 몫이 돌아갔지.

이슬람교를 믿는 사람이 계속 늘자, 종교 중심지를 새로 정하기로 했어. 전에는 예루살렘을 향해 기도했지만, 기도하는 방향을 메카로 바꾸었어. 메카는 무함마드가 태어난 곳이지.

나아가 무함마드는 메카에 있는 카바 신전을 반드시 순례하도록 했어. 카바는 이슬람교가 탄생하기 훨씬 전부터, 그러니까 이곳 사람들이 여러 신을 섬기던 시절부터 기도하러 모이던 신성한 곳이었어. 카바 신전에는 검은 돌이 있는데 오래 전부터 이 돌을 섬기는 사람들이 많았어. 예로부터 누구나 성스러운 장소로 여기던 카바를 이슬람 신전으로 삼음으로써, 이슬람교에 문화적으로도 익숙하고 친근함을 느끼도록 한 거야.

무함마드는 630년, 메카를 정복한 데 이어 아라비아를 통일했어. 그가 세상을 떠난 630년대에도 이슬람 군대는 무서운 속도로 눈앞에 펼쳐진 모든 것을 정복해 나가고 있었어. 잇달아 놀라운 승리를 거두어 크테시폰·다마스쿠스·예루살렘·알렉산드리아 등 사산 왕조 페르시아와

메카는 이슬람교의 가장 성스러운 도시야. 무함마드의 고향일 뿐만 아니라 이슬람교도들이 기도할 때 향하는 곳이기도 하지. 이슬람교를 믿는 사람이라면 누구나 죽기 전에 한 번은 꼭 메카를 순례하고자 한단다.

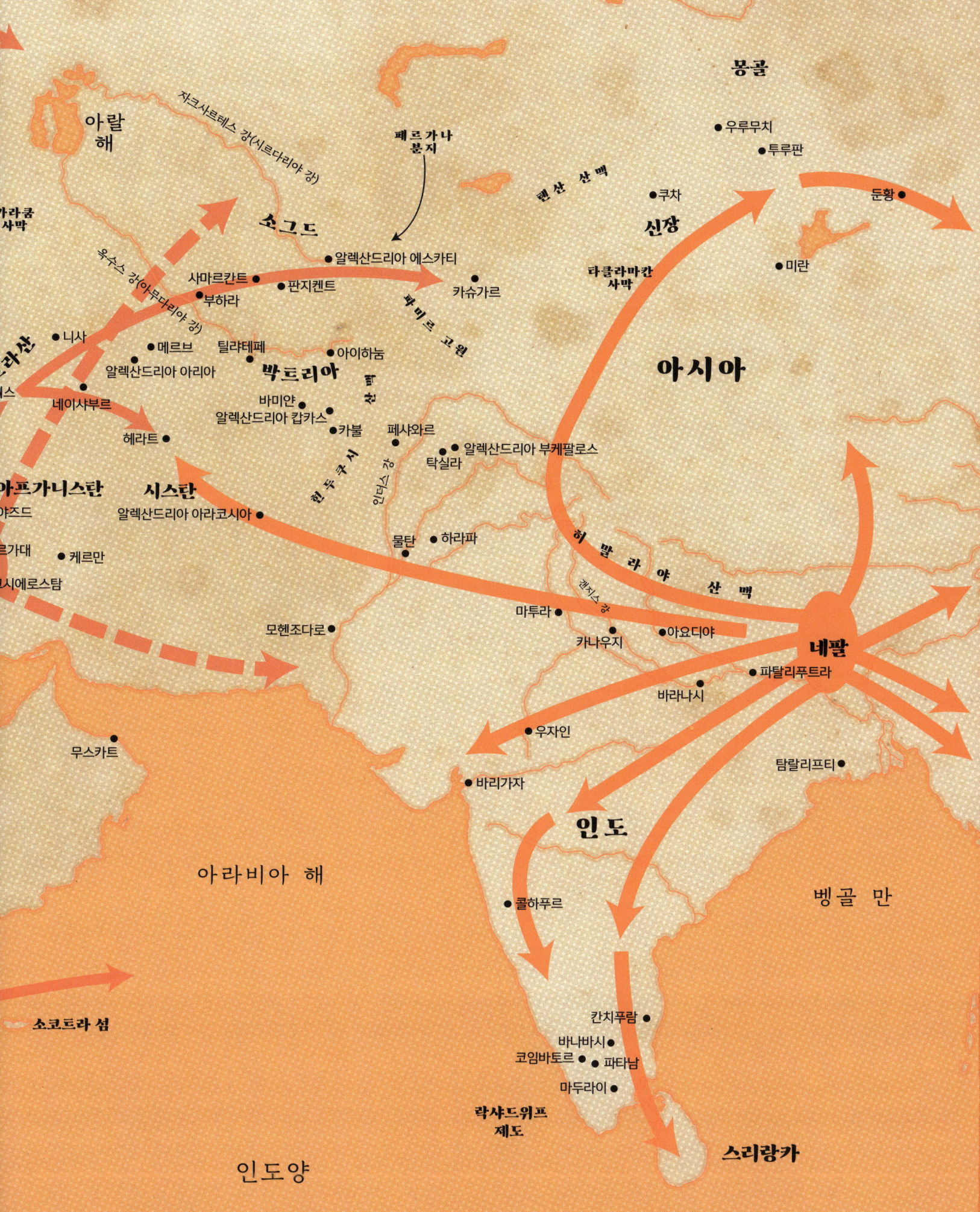

이슬람으로 가는 길

동로마 제국의 큰 도시들을 무너뜨렸지.

이슬람이 승리할 수 있던 것은 물론 전술이 뛰어났기 때문이겠지만, 기독교인과 유대인들의 도움도 있었어. 오늘날 우리 눈에는 기독교·유대교·이슬람교가 서로 으르렁거리는 관계로 보일 테지만, 당시 이들은 서로 돕고 존중했어.

게다가 무함마드는 이슬람교가 널리 퍼지는 것을 두려워할 유대인과 기독교인들을 안심시키는 데 많은 노력을 기울였어. 나중에 유대인과 이슬람교 신자인 무슬림은 공식 문서로도 이런 약속을 했지. 무슬림은 유대인의 신앙과 재산을 존중할 것이며, 정복 전쟁을 벌이더라도 유대인에게는 피해를 주지 않을 거라고 말이야.

유대인들이 눈앞에 나타난 이슬람 군대를 해방자로 여기며 환영했다는 기록도 남아 있단다. 동로마 제국 손아귀에 있던 자신들을 구원하러 온 것이라며 말이야. 심지어 전쟁의 승패를 좌우할 중요한 정보를 이슬람 군대에 흘리기도 했지. 이에 보답하듯, 무슬림들은 유대교 회당을 세울 수 있도록 허락했을 뿐만 아니라 돈을 대 주기까지 했어.

《쿠란》과 《성경》에 공통점이 있는 것도 종교가 다른 이들이 유대감을 느끼는 데 한몫했어. 예를 들어 선지자 아브라함은 유대교·기독교·이슬람교 모두의 조상이기도 하지.

이슬람 군대는 계속해서 사방으로 뻗어 나갔어. 새 지역을 점령한 무슬림은 그곳에서 살고 있던 주민들을 너그러이 대했어. 정복자인 자신들은 도시 중심에서 떨어진 곳에 따로 터전을 마련하여, 거리를 두고 주민들을 다스렸지. 그리하여 허허벌판에 무슬림들의 신도시가 세워지기도 했단다.

그러나 시간이 지나면서 주민들을 대하는 태도가 달라졌어. 주민들에게 억지로 이슬람교를 받아들이도록 강요했지. 몇몇 약삭빠른 사람

뛰어난 학자·철학자·예술가들이 세계 각지에서
다마스쿠스·부하라·바그다드 같은 도시들로 몰려들었어.

이슬람으로 가는 길

들은 금요일 기도회에 참석하는 사람들에게 은화를 나누어 주며 이슬람교로 개종하도록 설득했어.

태도를 바꾼 이유 가운데 하나는, 무슬림들이 갈수록 치열한 경쟁을 벌였기 때문이야. 무함마드가 세상을 떠나자, 서로 자기네가 무함마드의 말을 더 충실하게 따르고 있다고 주장하면서 더욱 큰 싸움으로 번졌고, 결국 시아파와 수니파로 나뉘었어. 시아파는 무함마드의 사촌이자 사위인 알리의 후손만이 무함마드의 후계자인 칼리프가 될 수 있다고 주장한 반면, 수니파는 누가 최고 지도자가 돼야 하는지에 대해 보다 폭넓게 생각하고 있었어. 갈등이 깊어지며 폭력을 휘둘렀고 무함마드의 후계자로 지명된 처음 네 사람 가운데 세 명이 암살되었단다. 수니파와 시아파 사이의 갈등은 오늘날까지 이어지며 이슬람 세계에서 긴장을 일으키고 있지.

무함하드의 후계자 자리를 놓고 서로 싸우고 있을 무렵에도 이슬람 군대는 전쟁터를 누비며 끝없이 뻗어 나갔어. 7세기와 8세기에 드넓은 땅을 정복했는데, 유럽 이베리아 반도에서 북아프

리카와 서아시아 전체를 거쳐 멀리 히말라야 산맥까지 뻗쳐 있었지. 새로운 지역과 민족들을 정복하면서 유럽·아시아·아프리카 세 대륙에 걸친 초강대국이 등장한 거야. 가장 부유하고 많은 세금을 걷을 수 있으며 문화도 발달한 곳, 바로 로마 제국 지중해 연안과 페르시아 제국을 합쳐 놓은 세계였지.

새 제국으로 새로운 사상, 상품과 돈이 흘러들어 왔어. 정치나 종교, 그 무엇으로도 이 제국에 맞설 상대는 없었지. 이슬람 세계는 평화와 안정을 누릴 수 있는 곳, 상인들이 부자가 될 수 있는 곳, 학자들이 존경받고 서로 생각이 다르더라도 자유롭게 토론할 수 있는 곳이었어.

메카에서 멀지 않은 한 동굴에서 신통찮게 출발했지만 마침내 세계를 품에 안은 이슬람. 이곳은 여러 나라와 다른 문화권에서 온 사람들로 가득 찬, 꿈에 그리던 사회였어. 아주 멀리 떨어진 곳에서 태어난 젊은이들도, 벌이 꿀을 찾아 모이듯 이곳에 이끌렸어. 학자와 상인과 여행자들을 위한 황금시대가 시작된 거야.

제 5 장

지혜로 가는 길

제국에는 수도가 있어야 하지. 많은 도시들이 그 자리를 놓고 경쟁했지만, 이슬람 세계의 펄떡이는 심장이 된 것은 새로운 대도시였어. 8세기에 돈을 쏟아부어 세운 이 도시는 지구에서 가장 부유하고 인구가 많은 곳이었으며, 수백 년 후에도 마찬가지였지. 이곳은 '평화의 도시'라는 뜻으로, '마디나트 앗살람'으로 불렸단다. 오늘날 이라크 수도인 바그다드야.

도시는 공원과 시장, 이슬람 사원과 목욕탕을 갖추고 있었고, 저택들이 모여 있었어. 집집마다 금으로 장식되었으며, 실로 아름다운 무늬를 짠 장식물들이 늘어져 있었지. 집 안에는 화려한 침대 의자와 값비싼 탁자, 최고급 중국산 꽃병, 수많은 금은 장식품들이 놓여 있었어. 티그리스 강을 따라 내려가면 궁전과 정자, 정원이 보였는데 그곳을 가 본 사람은 이렇게 적었단다.

"작은 깃발로 장식된 유람선 수천 척이 물 위에서 햇살처럼 춤을 춘다. 이 배들은 도시 주민들을 바그다드 여기저기로 실어 나른다."

잘 알려진 이야기 《아라비안 나이트》 무대도 바로 바그다드야. 이 이야기에도 등장하는 이슬람 제국 최고 지도자, 하룬 알라시드의 결혼식도 781년에 이곳에서 열렸지. 하룬 알라시드는 신부에게 일찍이 본 적 없는 엄청나게 큰 진주 목걸이와 루비로 장식된 옷을 선물하고 성대한 잔치를 베풀었어. 하객들에게는 은이 가득 담긴 금 쟁반과 금이 가득 담긴 은 쟁반을 선물로 돌렸으며, 값비싼 향수도 유리그릇에 담아 나누었지.

웅장한 신도시 바그다드

바그다드는 가슴이 두근거릴 정도로 놀라운 모습으로 설계되었어.

바그다드는 세계에서 가장 크고 부유한 도시였어. 공원과 대저택, 이슬람 사원과 시장, 박물관이 이곳에 들어섰지.

부자들은 돈으로 살 수 있는 가장 좋은 것을 찾아 나섰어. 최고의 제품을 구하려면 어디로 가야 하는지 안내 책자도 나왔지. 예를 들어 가장 맛있는 피스타치오는 오늘날 이란 동북부에 있는 네이샤부르에 있고, 가장 좋은 말안장을 사려면 모술에 가야 하며, 가장 맛있는 과자는 이집트에서 살 수 있다고 적혀 있었어. 반대로 다마스쿠스 과일은 맛없고 예루살렘은 물건 가격이 너무 비싸다는 등 피해야 할 것들도 있었지. 취미 활동도 소개되었는데, 돈 많고 권력 있는 사람들에게는 사냥과 활쏘기, 장기 등이 가장 좋은 것으로 추천되었어.

학자들에게도 많은 지원이 이루어졌어. 실력만 있다면 인종이 무엇이든 어떤 종교를 믿든 상관하지 않았지. 실제로 학자 가운데 많은 이들은 이슬람교를 믿지 않았어. 매우 뛰어난 인재라면 심지어 남자인지, 여자인지조차 장벽이 되지 못했단다.

아낌없는 지원 덕분에 과학과 수학, 의학과 천문학, 문학과 철학이 한 단계 발전했어. 고대 그리스 철학자 아리스토텔레스 사상을 연구한 책, 상사병의 원인과 치료 방법을 써낸 책도 있었어. 이 시기에 나온 의학책들은 이후 수백 년 동안 이슬람 의학의 밑바탕이 되었지. 약품을 개발하며 그 효과를 검증하는 사람도 있었고, 시각과 뇌가 어떻게 연결돼 있는지도 연구했지.

이슬람 세계가 새로운 생각들을 받아들이는 동안, 기독교 세계인 유럽 대부분은 어둠 속에서 시들어 가고 있었어.

아우렐리우스 아우구스티누스라는 신학자는 연구라는 것 자체를 경멸하듯 이렇게 적었어.
"사람들은 안다는 말을 듣기 위해 알려고 한다. 그러나 그렇게 아는 것은 아무런 가치가 없다."
그의 말에 따르자면, 호기심이란 물리쳐야 하는 질병이나 마찬가지였지.

이슬람 세계와 달리, 유럽에서는 가장 강력한 지도자들조차 제대로 글을 읽고 쓸 줄 몰랐어. 서유럽을 통일한 카롤루스 대제는 베개 밑에 판을 하나 놓아두었는데 글자 연습을 하기 위해서였어. 그럼에도 그는 오래도록 글자를 떼지 못했고 단어를 잘 쓰지 못했다고 해.

고대 그리스 학자들을 매우 존경했던 무슬림 학자들은 과학과 학문에 관심이 부족한 유럽 사

9세기 사람들이 이해한 우리 몸의 구조

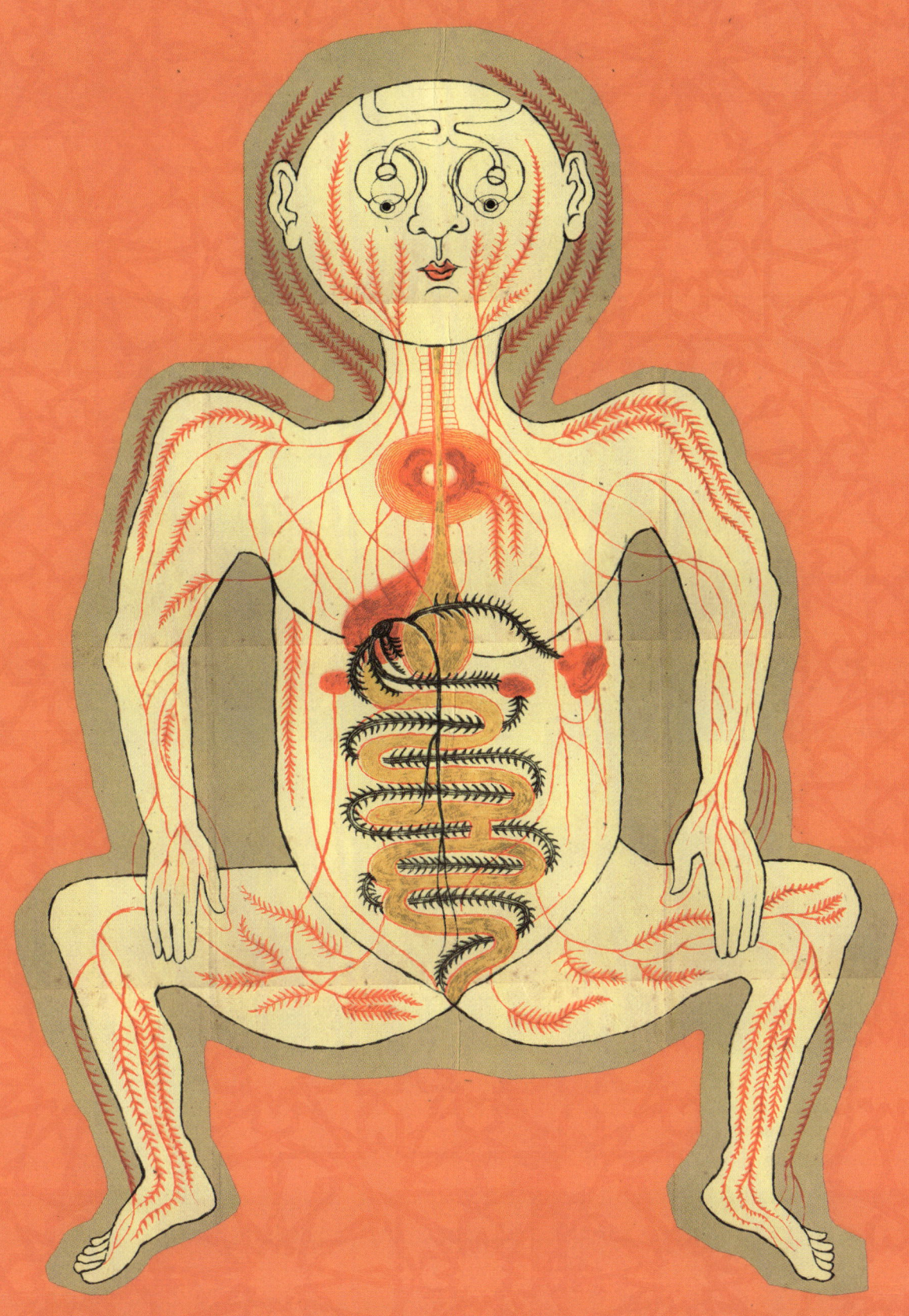

이 시기 사람들은 치료 방법을 찾기 위해 우리 몸을 이해하는 데 많은 노력을 기울였어. 대표적인 사람이 '이븐시나'란다. 서양에서 '아비켄나'로 알려진 그는 스스로도 실험을 했지만, 다른 사람들이 한 실험 내용도 한데 모아 정리했지. 그는 심장병을 치료하고 약을 효과적으로 사용하는 데 관심이 많았어. 그 밖에 눈병을 치료한다든지, 음악이 환자의 고통을 어떻게 덜어 주는지 연구한 사람도 있었단다.

지 혜 로 가 는 길

람들을 보며 당황했어. 고대 그리스와 로마 사람들은 과학을 발전시켰는데, 대체 왜 이렇게 되었는지, 그 책임이 어디에 있는지 무슬림 학자들은 분명히 알고 있었어. 기독교를 받아들이면서 과학이 신앙에 무릎 꿇고 만 것이라고 한 역사가는 말했지.

유럽은 학문이 뒤떨어진 곳이어서 내세울 만한 것이 별로 없었단다. 한 작가는 이렇게 적기까지 했어. 유럽에 대해 쓰지 않은 것은, 써 봤자 아무 쓸모없기 때문이라고. 이 시기 유럽은 정말로 보잘 것 없는 존재였어. 그러나 아시아는 달랐지. 이슬람 세계에서는 중국과 인도 사람들이 어떻게 살아가는지 몹시 궁금해 했단다. 중국 사람들은 여름이든 겨울이든 비단옷을 입는다든지, 대변을 본 뒤 어떻게 처리하는지 등 시시콜콜한 것들까지 적어 놓았어.

이슬람이 드넓은 땅을 정복한 뒤로, 새로운 길을 따라 물건과 사상, 사람들이 수천 킬로미터를 빠르고 쉽게 오갔어. 바그다드·다마스쿠스·모술·사마르칸트 같은 도시들은 각지에서 사람들을 끌어 모았지. 시장은 물건을 사려는 사람들로 넘쳐 났고, 외국에서 사치품이 쏟아져 들어와 기술도 덩달아 발전했어. 중국산 도자기가 많이 수입되며 도자기 디자인과 유행이 변했지. 또 도자기를 굽는 가마가 커지고 굽는 기술이 발달하며 도자기 생산량도 늘었단다.

9세기에 페르시아 만으로 가던 배가 인도네시아 앞바다에서 침몰했는데, 그 배에는 도자기가 무려 7만 점이나 들어 있었어. 도자기뿐 아니라 은으로 만든 장식품, 금과 납덩어리 등이 있었지. 워낙 많은 물건들이 페르시아 만 항구로 들어와 시장으로 나갔기 때문에, 잠수부들은 바닷속에서 쉴 새 없이 짐을 건져 올려야 했어.

지혜로 가는 길

당시 이슬람 제국을 찾은 한 중국인은 자신이 본 것들을 이렇게 적었어.

"땅에서 나는 모든 것이 있다. 수많은 상품들이 수레에 실려 시장으로 간다. 시장에는 없는 것이 없고 값도 싸다. 수놓은 비단, 진주와 보석들이 거리 곳곳에 진열돼 있다."

이 시기 중국에는 당나라가 세워져 황금시대를 누리고 있었어. 당나라 수도 장안(현재의 시안)의 인구는 백만 명이 넘었지. 당나라는 예술과 학문을 화려하게 꽃피웠고 공정한 법으로 나라를 통치했어. 책을 인쇄할 수 있는 기술도 발명했는데 유럽보다 1000년이나 앞선 것이었어.

물건을 가득 싣고 바다로 나간 배들이 모두 돌아오지는 못했단다. 이 시기 바다는 그토록 위험한 곳이었지.

이렇게 아시아 심장부는 번영과 안정을 누렸고, 그 영향은 멀리서도 느껴졌단다. 인도 남부에는 촐라 왕조가, 지금의 타이와 캄보디아에는 크메르 왕조가 크게 번영하였으며, 이 밖에 여러 왕국이 등장했어. 인도네시아 수마트라 섬에 있던 스리위자야는 해상 무역으로 크게 발전했지.

한편, 이슬람 세계 너머 북쪽 초원 지대에도 변화가 찾아왔어. 오늘날 우크라이나·러시아·중앙아시아에는 넓은 초원이 펼쳐져 있지. 이곳에서 가축을 기르며 살던 유목민들은 한곳에 머무르지 않고 끊임없이 옮겨 다녔어. 가축이 뜯어 먹을 풀밭을 찾아다녀야 했으니까.

그런데 이슬람 제국이 등장하고 새로운 교통로와 교역로가 생기자, 유목민들이 무슬림 상인들과 거래하기 시작한 거야. 주요 상품은 모피였어. 모피는 걸치면 따뜻할 뿐만 아니라 높은 신분을 강조할 수 있어 매우 귀한 물건이었어. 그래서 화폐처럼 쓰이기도 했단다. 목 좋은 곳을 차지한 유목민들은 어마어마한 돈을 벌었고, 초원 지대와 가까운 도시들도 부유해졌지.

초원을 주름잡은 자들은 하자르인으로, 흑해 북쪽 부근을 지배했어. 안정되고 평화로운 시기가 이어지면서 하자르 사회에 변화의 바람이 불기 시작했지. 장거리 교역이 이루어지며 점차 한곳에 머물러 지내게 되었고 상업 활동이 늘며 작은 도시가 생겨나더니 마침내 왕국으로 발전했어. 떠돌아다니던 유목민들의 삶이 바뀐 거야.

하자르 왕은 왕국이 새로운 종교를 받아들여야 할 때가 왔다고 판단했어. 유대교·기독교·이슬람교 세 종교 가운데 하나를 말이야.

사실 하자르 왕국에는 이슬람교뿐만 아니라 유대교와 기독교를 믿는 사람들도 꽤 있었어. 하자르 왕국이 국제적인 교역 중심지가 되며 이슬람 세계를 넘어선 훨씬 더 먼 곳에서 상인들이 몰려왔거든.

마침내 하자르 왕 앞으로 각 종교를 대표하는 학자들이 차례로 나와 종교를 소개했단다. 오늘날 텔레비전 경연과 비슷한 형식으로 말이야. 하자르 왕은 곰곰이 듣고는 하나를 골랐는데 이슬람교가 아닌 바로 유대교였어. 830년 무렵이었지. 이 소식은 수천 킬로미터나 떨어진 유대인들에게도 전해졌는데, 다들 깜짝 놀라 귀를 의심했단다.

유대인뿐 아니라, 저 멀리 북유럽 스칸디나비아 반도에 사는 상인들도 이 기회를 놓치지 않고 이슬람 세계로 찾아왔어. 바로 바이킹으로 알려진 사람들이지. 이슬람 세계와 교역하기 위해 이들은 목숨 걸고 5000킬로미터에 가까운 먼 거리를 오갔어. 이토록 먼 길을 오가는 데 걸리는 시간과 위험을 생각하면 보상이 두둑해야 했을 거야. 그러니 최대한 많은 물건을 팔아야 했겠지. 이들이 직접 만든 칼과 모피는 이슬람 세계에서도 인기 있는 물건이었어.

바이킹들이 팔아넘긴 물건들은 이것 말고도
많았겠지만 가장 큰 이익을 남긴 것은
노예였어. 남자, 여자, 아이 할 것 없이
사람을 물건처럼 사고팔았던 거야.

제 6 장

노예의 길

노예 무역의 규모는 매우 컸어. 스칸디나비아에서 잡혀 온 많은 노예들은 이슬람 세계에 공급되어 비싼 값에 팔렸어. 아일랜드 더블린과 네덜란드 위트레흐트, 이탈리아 베네치아 같은 도시들도 덩달아 노예를 수출하는 중심지로 성장했어.

이슬람 세계에 팔린 노예 수가 너무 많아지자 775년, 교황 하드리아누스 1세는 사람을 가축처럼 사고파는 것을 비난했어. 기독교인을 노예로 잡아다 파는 것은 수치스러운 일이라고 선언했지. 그러나 이 말을 귀담아 듣는 사람은 별로 없었단다. 노예를 팔아 벌 수 있는 돈의 유혹을 뿌리치기란 너무 어려웠기 때문이지. 베네치아인들도 중요한 노예 장사꾼이긴 했지만, 이 사업에서 가장 큰 솜씨를 발휘한 이들은 역시 바이킹이었어.

바이킹 하면 뿔 달린 모자를 쓰고 긴 배를 타고 나타나 영국과 아일랜드를 공격하는 모습이 떠오를 거야. 그러나 실제로 이들은 뿔 달린 모자를 쓰지도 않았고, 가장 억세고 무시무시한 바이킹들은 스칸디나비아에서 서쪽이 아닌 남쪽, 바로 이슬람 세계로 떠났단다.

바이킹은 난폭하고 인내심도 대단하여 원하는 것을 꼭 얻어 내고야 마는 사람들이었어. 겉모습도 험악했지. 발끝부터 온몸에 짙은 녹색 문신을 하고, 야자나무만큼 키가 컸다고 해. 누구나 도끼와 칼을 하나씩 지니고 다녔다고도 하지.

바이킹은 동방에서 '루시'로 알려졌어. '루시'는 이들의 붉은 머리칼을 일컫는 것으로 보기도

하지만, 그보다는 '노를 젓는 사람들'이라는 뜻으로 불렸을 가능성이 높아. 바이킹은 노를 젓는 기술이 뛰어났으니까. 누구나 바이킹을 두려워했어. 9세기 프랑스의 한 기도문은 이렇게 애원한단다.

"오, 주여, 저 야만스런 북방 사람들로부터 우리를 구해 주소서. 저들은 어리고 깨끗한 우리 아이들을 끌고 갑니다. 이 재난에서 우리를 구해 주시기를 간절히 빕니다."

노예는 스칸디나비아뿐만 아니라 아프리카와 아시아에서도 왔어. 좋은 노예 고르는 법을 알려 주는 책자도 있었지. 피부가 얼마나 매끄러운지, 입 냄새가 나거나 귀를 먹지는 않았는지, 말을 더듬지는 않는지 등 겉으로 드러나지 않은 결점도 꼼꼼히 확인하라고 적혀 있었어.

스칸디나비아에서부터 유럽과 아시아 중심부를 잇는 길에서 많은 동전이 발견되었는데, 이를 통해 당시 노예 무역의 규모가 얼마나 컸는지 짐작할 수 있단다. 로마 제국이 가장 번영했던 시기에 부린 노예 수와 비교해 보면, 이슬람 세계에 팔린 노예 수가 훨씬 많아. 당시 노예 무역은 오늘날로 이야기하자면 수십억 달러(수 조 원)짜리 산업이었던 거야.

노예 무역은 다른 물건들의 거래까지 늘려 주었어. 오늘날 독일 서부에 있는 마인츠를 지나가던 한 상인은 저 멀리 인도에 가야 구할 수 있는 값비싼 후추·생강·강황 같은 향신료가 팔리는 것을 보았지. 그가 놀란 것은 이뿐만이 아니야. 이슬람 동전이 마인츠에서도 쓰인 거야. 이 사실은 이슬람 세계의 시장이 얼마나 멀리까지 영향력을 뻗치고 있었는지 보여 주지.

그런데 노예 무역도 줄어들기 시작했어. 노예장사에 앞장서던 바이킹 루시의 관심이 다른 곳에 쏠렸기 때문이야. 바로 하자르인들이 누리는 이득이었지. 원래 유목 생활을 했으나, 무슬림 상인들과 교역을 하며 번영을 누렸다

스칸디나비아 출신 남자들은 억세고 무시무시하며 짙은 문신을 하는 것으로 유명했어.

는 부족 말이야. 하자르인들은 왕국의 수도인 아틸을 통과하는 상품에 세금을 매겨 엄청난 이득을 챙겼고, 주변 부족들로부터 공물을 바치도록 했거든.

그러나 그 사이 힘을 기르며 존재감을 드러내는 것은 루시였어. 결국 하자르와 루시는 정면 대결을 펼쳤고, 초원의 새 지배자는 루시가 되었단다. 이제 루시의 시선은 동로마 제국의 수도 콘스탄티노폴리스로 향했어.

루시가 콘스탄티노폴리스에 관심을 보인 것은 이슬람 세계가 이전 같지 않았기 때문이야. 300년 가까이 안정과 번영을 누리던 이슬람 세계는 950년 무렵부터 흔들리기 시작했어. 무슬림끼리 경쟁이 더욱 치열해져 폭력을 자주 휘둘렀고 급기야 메카를 공격하는 일도 벌어졌지. 게다가 유난히 혹독한 겨울이 이어지며 식량마저 부족해졌어. 말과 나귀의 똥에서 보리 낟알을 골라내 먹어야 했다고 한 작가는 적어 두었지.

콘스탄티노폴리스는 단지 유럽 기독교 세계에서만이 아니라 전 세계에서 손꼽히는 큰 도시였어. 루시가 이 도시에 관심을 보이자 동로마 사람들은 바짝 긴장했어. 루시가 콘스탄티노폴리스에서 난동을 벌이며 주민들을 접주었기 때문이야. 그럼에도 이 둘의 관계는 좋아졌단다. 988년, 루시의 지배자 블라디미르가 기독교를 받아들인 뒤로는 더욱 그랬어.

루시의 사회도 거칠고 전투적인 모습에서 벗어나 점차 도시적이고 국제적으로 변해 갔어. 사

루시는 콘스탄티노폴리스에 들어와 불을 지르며 사람들을 위협했어.

지품이 거래되었고, 새로운 사상과 문화, 심지어 콘스탄티노폴리스 건축 기술에도 관심을 보였어. 루시뿐 아니라 모든 사람들의 시선은 바그다드에서 콘스탄티노폴리스로 옮겨 왔어. 이슬람 세계가 위축되며 반대로 동로마는 다시 황금시대가 시작된 거야. 피사·제노바·베네치아 등에서도 많은 상인들이 몰려와 터전을 마련했고, 돈을 벌기 위해서가 아닌 단순히 경험을 쌓기 위해 콘스탄티노폴리스를 찾는 사람도 있었단다. 그중에는 동로마 황제를 경호하는 군대에 들어간 사람도 있었지.

　기독교 세계인 콘스탄티노폴리스로 시선이 모아지며 예수가 십자가에 못 박힌 예루살렘을 방문하려는 사람도 늘었어. 기독교·이슬람교·유대교 이 모두의 성지인 예루살렘은 이 시기 이슬람 땅이었지. 많은 유럽 사람들이 큰돈을 들여 길고도 힘든 여행길에 올랐어. 순례를 떠난 이들은 콘스탄티노폴리스를 거쳐 갔어. 콘스탄티노폴리스에는 예수가 처형장으로 갈 때 썼던 가시 면류관, 매달려 있던 십자가 조각 등 여러 기독교 유물들이 수백 년 동안 잘 보관돼 있었단다.

　한편, 이슬람 세계가 분열되는 틈을 타 힘을 키워 나가던 세력이 있었어. 셀주크 튀르크였어. 이들은 마침내 바그다드를 점령하고 이슬람 제국의 새로운 지배자가 되었어. 셀주크 튀르크는 서쪽으로 세력을 더 뻗쳐 동로마 제국 땅인 소아시아(오늘날 터키 지역) 큰 도시들을 빼앗고, 동로마 황제 로마누스 4세를 포로로 붙잡기도 했단다.

노예의 길

이후, 동로마 제국은 급격히 흔들렸어. 막다른 골목에 놓인 동로마 황제 알렉시오스 1세는 로마 교황 우르바누스 2세에게 군대를 보내 도와달라고 청했어. 많은 기사들이 달려와 최근에 빼앗긴 큰 도시들을 되찾아 줄 것을 기대하며 말이야.

로마 교황은 이 기회를 놓치지 않았어. 지금이야말로 기독교를 하나로 합치고 자신의 영향력을 키울 수 있는 기회라 생각했지. 그 당시 기독교는 동로마 제국의 그리스 정교와 서유럽의 로마 가톨릭으로 갈라져 있었거든. 게다가 기독교인들이 심각하게 분열되어 왕이나 다른 고위 성직자마저 교황에게 대드는 상황이었어. 로마 교황은 바깥의 적에 맞서 싸우다 보면 안에서는 똘똘 뭉친다는 점을 이용하기로 했어. 교황은 이슬람 세력에 대한 분노를 부추기며, 셀주크 튀르크가 차지한 예루살렘을 되찾기 위해 십자군을 보내자고 부르짖었어. 수십 년 전부터, 점점 더 많은 기독교인들이 예루살렘을 찾게 된 상황과도 잘 맞아떨어졌지.

교황은 이 전쟁에 참가하는 사람은 죄를 사면받을 것이라고 선언했어. 십자가를 메고 어서 나가 싸우라는 교황의 외침은 거의 협박에 가까웠지. 예루살렘으로 가는 길은 곧 천국으로 가는 길이 된 거야. 이것이 그 유명한 십자군 전쟁의 시작이었단다.

마침내 수만 명이 모여 예루살렘으로 떠났어. 많은 이들이 예루살렘 땅을 밟기도 전에 질병과 굶주림으로 죽거나 포로로 잡혔지. 가까스로 어려움을 헤치고 수천 킬로미터를 나아간 끝에 1차 십자군은 1099년 여름, 예루살렘에 도착했어.

공격은 7월 15일에 시작되었어. 프랑스 샤르트르에서 온 랭볼드라는 젊은 기사가 가장 먼저 성벽 꼭대기에 올랐지. 이슬람 군대는 기다리고 있다가 단칼에 그의 팔을 베어 버렸어. 그러자 십자군은 앞으로 밀고 나아가 주민들을 학살하기 시작했고, 예루살렘은 곧 시체로 가득 찼어. 한 작가는 시체가 도시 성문 밖 언덕 위에 집채만 하게 쌓였다고 썼어. 또 다른 작가는 몇 년 뒤에 이렇게 적어 놓았지.

"거기에 있었다면 죽은 자들의 피로 발목까지 더럽혔을 것이다. 아무도 살아남지 못했다. 여자고 아이들이고 살려 두지 않았다."

목숨을 잃은 것은 무슬림만이 아니었어. 십자군은 유럽을 가로질러 가며 유대인을 끔찍이 살해했고, 예루살렘에 있던 사람들을 닥치는 대로 공격했지.

**1099년 7월, 제1차 십자군 기사들이 예루살렘에 도착했어.
곧 이 성스러운 도시를 점령했지.**

제 7 장

천국으로 가는 길

예루살렘이 함락되며 무슬림들은 수백 년 동안 자신들이 다스리던 도시에서 쫓겨났어. 이제 새로운 기독교 통치자들이 지배하는 새로운 식민지가 세워졌지. 이 같은 목표는 이루었지만, 십자군 지도자들은 정복한 땅을 어떻게 지켜낼 것인지 고민에 빠졌어. 원정을 떠난 십자군에게 물자를 대 주는 일도 중요했지.

십자군에게 필요한 물건들은 오늘날 이탈리아에 있던 피사·제노바·베네치아 같은 도시 국가에서 지원되었어. 이곳은 모두 항구를 끼고 있어 바다로 물자를 운반하기 좋았지. 도시 국가 상인들은 지금이야말로 부를 쌓을 수 있는 절호의 기회임을 깨달았어. 이들은 실어 온 물건을 성지 예루살렘에서 팔아 많은 이문을 남겼어.

워낙 큰돈이 걸려 있기에 상인들끼리 경쟁은 더 심해질 수밖에 없었어. 단순히 예루살렘에 있는 기독교인들에게 물건을 파는 것으로 그치지 않았거든. 예루살렘에서 구한 물건을 유럽으로 가져와 팔면 또 다른 이문이 남는 것이지. 후추·계피·설탕 같은 향신료뿐 아니라 향료와 직물, 금속 등 많은 사치품들이 있었는데, 대부분 예루살렘에서 나는 것이 아니었어. 이슬람 상인들이 장악했던 교역로를 거쳐 오는 것들이었지. 점점 더 많은 물건들이 콘스탄티노폴리스·예루살렘·이집트 알렉산드리아 항구 등으로 들어온 뒤, 이탈리아 도시 국가들과 서유럽 시장으로 운송되었어.

천국으로 가는 길

교역이 활발해지며 이슬람 세계와 동로마 제국의 사상·과학·학문도 서유럽에 전해졌어. 유럽 학자들은 이슬람 세계에서 발전시킨 과학, 수학 등을 열심히 공부했고, 콘스탄티노폴리스에서 만든 그리스 철학 해설 등 여러 책들도 번역했지.

그런데 십자군이 승리했다는 이야기가 기독교 세계에서 울려 퍼지는 동안에도, 이슬람 세계에서는 십자군에 별로 신경 쓰지 않았어. 예루살렘이 함락되기 직전이나 직후에 십자군에 맞서 뭉치려는 노력은 있었지만, 이조차 몇몇 지역에서뿐이었지. 그만큼 이슬람 세계는 분열돼 있었어.

한 무슬림 작가는 이런 말을 남겼단다. 무슬림 함대가 바다를 완전히 장악하던 한때, 기독교인들은 그 넓은 바다에 널빤지 하나 띄울 수 없었다고. 이러던 무슬림들이 새로운 경쟁자에게 자리를 내주게 된 거야. 이탈리아 도시 국가 상인들에게 말이지.

1160년대에 들어 이탈리아 도시 국가들끼리 경쟁은 더욱 치열해진단다. 콘스탄티노폴리스 거리에서는 피사·제노바·베네치아 사람들의 싸움이 끊이지 않았어. 이들은 기독교 세계를 위해 십자군을 지원하는 동맹이 아닌, 어떻게든 더 많은 이익을 차지하고자 인정사정없이 싸우는 사이가 되었어. 폭력까지 휘두르며 말이야. 점차 동로마에서는 서유럽 사람들에 대한 불신이 깊어졌어. 이들을 믿을 수 없고 돈만 밝히는 탐욕스러운 사람들로 여겼지. 이렇게 콘스탄티노폴리스와 로마, 서로 다른 두 기독교 세력 사이에 긴장감이 흘렀어.

이러한 갈등은 살라흐 앗딘이라는 장군에게 좋은 기회가 되었어. '살라딘'이라는 이름으로 잘 알려진 그는 분열된 이슬람 세계를 통일했고 1187년, 마침내 십자군이 세운 예루살렘 왕국을 무너뜨렸지.

살라흐 앗딘은 너그러운 승자였어. 그는 포로로 붙잡은 예루살렘 왕을 죽이지 않고, 시원한 음료수를 건네며 기운을 차리게 했어. 예루살렘 왕국은 주민들을 살려 준다는 조건으로 순순히 항복했어.

후추·정향·육두구·소두구·향료·계피 같은 향신료가 예루살렘으로 실려 왔어. 이 시기, 정치는 혼란스러웠지만 무역은 계속 이루어졌지.

예루살렘이 함락되었다는 소식에 교황은 충격을 받아 갑자기 세상을 떠났어. 그 뒤를 이은 새 교황은 이 모든 게 기독교인의 죄 때문이라며 비난했단다.

다시 기독교 세계는 복수에 나설 준비를 했어. 군대를 이끈 것은 유럽에서 가장 강력한 세 사람이었지. 잉글랜드의 '사자 심장' 리처드 1세, 프랑스의 필리프 2세, 신성로마제국 황제인 '붉은 수염' 프리드리히였어. 그럼에도 결과는 좋지 않았지.

십여 년 뒤, 예루살렘을 되찾기 위한 또 하나의 계획이 세워졌어. 이 계획에 큰돈을 투자한 건 베네치아로, 십자군이 가야 할 목적지와 방향도 자신들이 정하겠다고 나섰어. 베네치아가 원한 곳은 예루살렘도, 예루살렘에 물자를 대는 항구도 아니었단다. 바로 이집트였어. 이집트는 베네치아 사람들이 가장 탐내는 곳이었어. 이집트가 얼마나 부유한지, 해마다 얼마나 많은 돈을 벌어들이는지 잘 알고 있었으니까.

그러나 이 계획도 생각처럼 잘 풀리지 않았어. 오히려 손해만 보게 생기자, 베네치아 지도자는 목표물을 다른 도시로 바꾸었어. 오늘날 크로아티아에 있는 해안 도시, 자다르였어. 십자군은 돈에 이끌려 기독교 도시인 자다르로 쳐들어갔어. 자다르 주민들이 성벽에 십자가가 그려진 깃발을 걸어 놓았지만 기어코 공격은 시작되었어. 교황이 십자군에게 기독교 도시를 건드리지 말라고 경고해도 소용없었어.

거기서 끝이 아니었어. 십자군은 기독교 세계에서 가장 크고 중요한 도시로 향했어. 바로 1204년, 콘스탄티노폴리스를 공격한 거야.

콘스탄티노폴리스는 곧 쑥대밭이 되었어. 금고는 모두 털렸고, 유명한 기독교 유물들도 도둑맞았어. 정복한 콘스탄티노폴리스

콘스탄티노폴리스 금고와 고대 성스러운 유물들이 털리고 말았어.

땅을 십자군 지도자들끼리 나눠 가진 뒤에야 약탈을 멈추었단다. 성지를 되찾겠다며 시작된 십자군 전쟁은 결국 욕심을 채우기 위해 종교를 이용한 꼴이 되었어.

　오래지 않아 관심은 다시 이집트로 옮겨 갔어. 십자군은 큰 기대를 걸고 이집트 카이로를 점령하려 떠났으나 곧 충격적인 패배를 마주하고 말았지. 그때, 기적 같은 소식이 들려 왔어. 십자군을 도우러 아시아에서 군대가 진격하고 있다는 소식이었어. 이들이 누구인가에 대해서는 이야기가 들쭉날쭉했지만, 아시아 땅 어딘가에 있는 전설적인 기독교 왕국의 군대라는 것이었어. 그 왕국은 젖과 꿀이 흘러넘치며 뱀도 없고, 독이 해를 끼치지 못하는 천국 같은 곳이라고 했지.

　이제 십자군의 승리는 확실해 보였어. 그러나 이 이야기가 얼마나 터무니없는 것이었는지 금세 드러났단다. 십자군 앞에 펼쳐진 것은 천국으로 가는 길이 아니라 곧바로 지옥으로 안내하는 길처럼 보였지.

**그 길을 따라 달려오는
군대는 칭기즈 칸이 이끄는 몽골족이었어.**

제 8 장

지옥으로 가는 길

칭기즈 칸과 몽골족은 무시무시한 자들로 널리 알려져 있었어. 한 작가는 몽골족에 대해 이렇게 적었지. 짐승처럼 살고 있으며, 종교나 법도 없이 제멋대로 사는 사람들이라고 말이야. 그들이 저지르는 폭력과 약탈은 남자다움과 우월함을 뽐내기 위한 것이라고도 했지. 겉으로는 무질서해 보였지만, 몽골족은 알려진 것과 정반대로 탄탄하고 효율적인 조직을 이루고 있었어.

몽골족을 이끈 칭기즈 칸은 자신을 따르는 무리에게 충분한 보상을 약속했어. 전쟁에서 빼앗은 물자들을 공평하게 나누어 줌으로써 부하들의 충성심을 불러일으켰지. 몽골족이 세력을 넓히면서 칭기즈 칸을 따르는 자들은 그 대가로 지위와 권력을 누렸어.

몽골족의 활 쏘고 말 타는 기술, 번개처럼 움직이는 무서운 속도는 믿을 수 없을 만큼 대단했단다. 몽골 고원에서 유목 생활을 하던 칭기즈 칸과 그의 부하들은 여러 부족들을 차례대로 무릎 꿇리며 1206년, 초원의 지배자가 되었지. 이들은 목표를 중국 쪽으로 돌려 뻗어 나갔고, 마침내 금나라 수도인 중도(오늘날 베이징)를 점령했어.

중국 땅을 정복한 몽골군은 이제 중앙아시아로 향했어. 어떤 곳은 피를 보지 않고 손쉽게, 또 다른 곳은 잔인하게 정복했지. 몽골군이 1219년에 호라즘 왕국을 얼마나 지독하게 짓밟았는지, 기록이 잘 남아 있단다. 호라즘 왕국은 당시 중앙아시아에서 가장 강력한 이슬람 세력으로, 실

크로드 중심부를 차지하고 있었어. 십자군 전쟁으로 셀주크 튀르크가 약해진 틈을 타 힘을 키운 것이었지. 몽골군은 이곳에서 개나 고양이조차 한 마리도 남김없이 도살했어. 한 도시를 철저하게 짓밟으면, 다른 도시도 같은 꼴을 당하지 않으려고 순순히 항복할 테니 말이야. 호라즘 왕국을 정복하며 중앙아시아로 가는 길이 활짝 열리자, 몽골군은 러시아 땅으로 쳐들어갔어. 한 수도사는 몽골군이 마치 메뚜기 떼처럼 몰려들었다고 적었지. 그는 신이 인간을 벌하려고 몽골군을 보낸 것이라 여겼어.

1241년이 되자 몽골군은 유럽 심장부로 쳐들어가 온 유럽을 공포에 떨게 했고, 불과 수십 년 사이에 역사상 가장 큰 제국을 세웠어. 아시아를 휩쓸고 그 너머 유럽까지 공격한 몽골군의 정복 사업은 흔히 칭기즈 칸의 이름과 동일시되고 있지만, 칭기즈 칸은 1227년에 이미 세상을 떠났지. 영토를 끊임없이 넓혀 나간 것은 그의 아들들이었단다.

몽골인들은 단지 피에 굶주린 파괴자가 아니었어. 정복한 지역 사람들의 마음을 얻는 방법을 잘 알았지. 종교의 자유를 허락해 주었으며, 무역을 늘리고 세금을 낮춰 주었어. 그러나 정복을 눈앞에 두고는 언제고 무자비해질 수 있었단다. 원하는 것을 쉽게 얻으려면 공포심을 불러일으켜야 한다고 생각한 거야.

1258년에 이슬람 세계의 진주, 바그다드가 몽골군에 점령되던 상황을 한 작가는 이렇게 적었

지옥으로 가는 길

어. 몽골군이 날아가는 비둘기를 공격하는 굶주린 매처럼, 양을 공격하는 사나운 늑대처럼 도시를 휩쓸었다고 말이야.

그럼에도 무시무시한 몽골군을 오히려 반기는 사람도 있었단다. 바로 유럽 기독교인들이었어. 몽골군은 바그다드를 점령했지만 1260년, 이집트 맘루크 왕조의 군대와 벌인 전투에서 패배했어. 이슬람 세력인 맘루크 군대가 주요 도시를 하나씩 차지해 가는 것을 보며, 유럽 사람들은 몽골군이 이에 맞서 싸워 주기를 바랐고 몽골군과 동맹을 맺고 싶어 했지.

이런 바람은 물거품이 되었지만, 유럽에서는 몽골과 아시아에 대한 관심이 커져 갔어. 수많은 선교사와 상인들이 아시아를 여행한 뒤 돌아와 자신들이 본 것을 전했는데, 그중에는 말도 안 되는 이야기도 많았단다. 아시아에는 개의 머리가 달린 사람, 귀가 코끼리 코처럼 늘어진 사람이 산다고도 했지. 중국 원나라를 여행한 마르코 폴로도 중국에서는 다이아몬드를 독수리 둥지에서 얻는다는 둥, 터무니없는 이야기를 전했어.

마찬가지로 이슬람과 유럽에 대한 중국 기록에는 이슬람교의 성지인 메카가 부처의 고향이라고 잘못 나와 있었어. 또 벌거벗은 채 거센 바람을 맞으면 배 속에 아이가 저절로 생기는 곳이 있다고도 했어. 이 이야기들이 사실이 아니더라도, 이전보다 더 먼 곳에서부터 정보와 소식이 전해졌다는 사실은 세계가 점점 더 가까이 연결되고 있음을 보여 주지.

몽골의 세계 정복은 세계의 한 지역과 다른 지역을 하나로 연결해 주었고, 더 많은 사람들을 아시아로 불러 모았어. 1300년 무렵에는 아시아에서 물건을 사고파는 방법을 알려 주는 책도 나왔단다. 상인과 여행자들은 물건을 사고팔 때 바가지를 쓰지 않을까 조마조마했겠지만, 적어도 안전에 대해서는 걱정할 필요가 없었어. 탐험가 이븐 바투타는 중국을 가장 안전한 나라라고 했어. 혼자서 돈을 두둑이 들고 몇 달 동안 여행해도 걱정 없는 곳이라고 했지.

이 시기, 다른 대륙끼리 교역도 크게 늘었어. 많은 물건이 서아프리카 말리 왕국으로 흘러들어 갔지. 말리 왕국을 다스린 만사

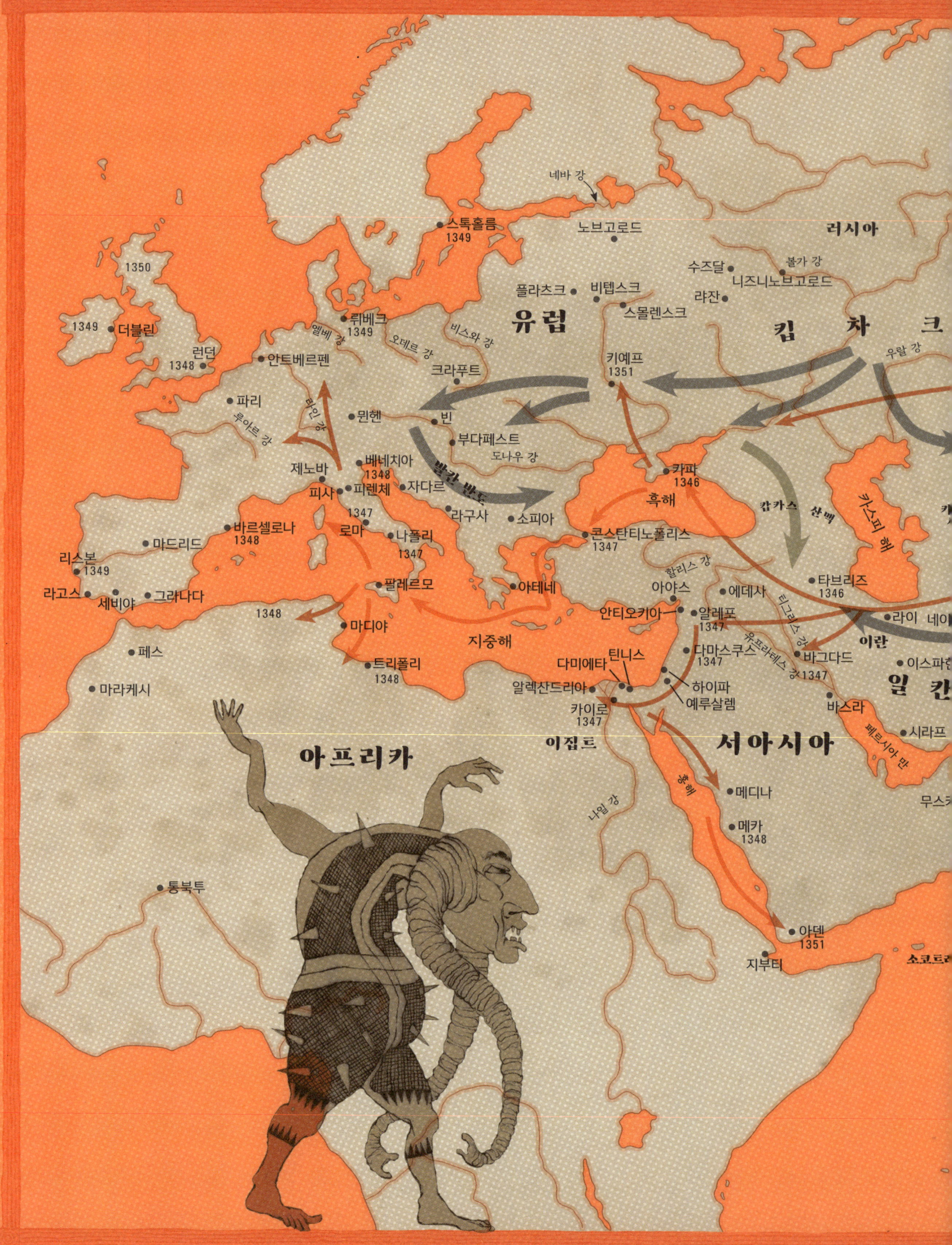

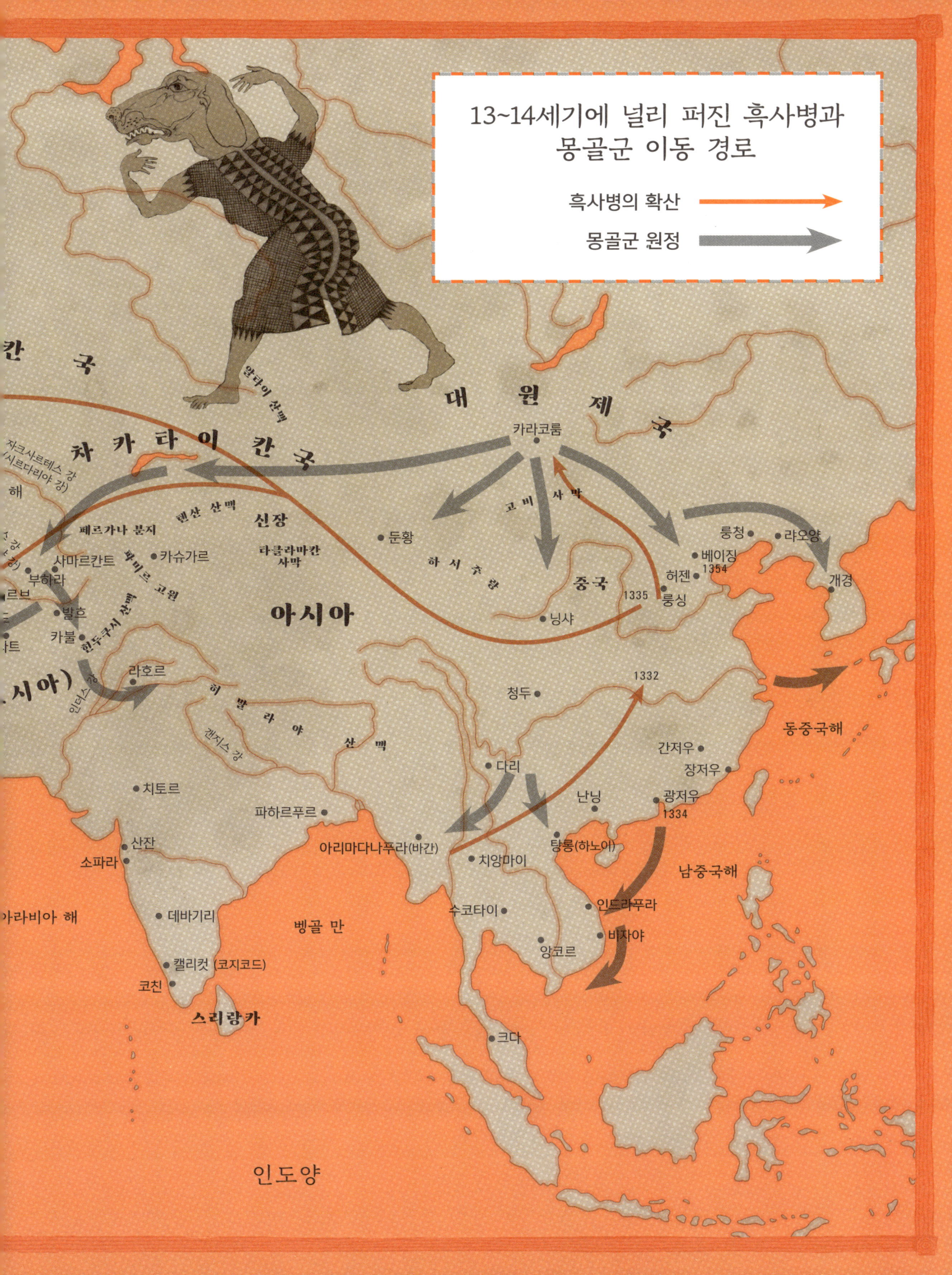

무사는 지상에서 가장 돈 많은 왕으로 유럽에서 이름을 날렸어. 그러다가 1340년대에 갑자기 모든 것이 멈추고 말았어. 실크로드를 따라 재앙이 마을로 재빨리 퍼졌어. 세계를 연결하는 이 대동맥을 따라 흘러온 것은 바로 전염병이었어. 중앙아시아 초원 지대에서 이란과 아라비아 반도, 이집트, 유럽으로 들불처럼 번져 수많은 사람들을 죽음으로 몰았어. 이 전염병은 흑사병으로 불렸어. 병에 걸리면 피부가 썩어 검게 변했기 때문이야. 벼룩이 피를 빠는 과정에서 전염되는 병으로, 감염된 사람은 끔찍한 고통 속에서 죽어 갔지. 몸에 사과만 한 종기가 올라오고 몸 안에서 피고름이 생겨, 보는 것만으로도 공포를 불러일으켰어.

유럽을 나머지 세계와 연결해 주었던 교역로는 흑사병이 전파되는 치명적인 길이 되었고, 마을 전체가 싹 쓸려 나갔어. 얼마나 많은 사람들이 죽었는지 시체를 묻어 줄 사람도 모자랄 지경이었지. 5년도 채 되지 않아 유럽 인구의 3분의 1이 죽었어. 이집트에서는 40퍼센트가 죽었고, 아시아에서도 수천만 명이 이 병으로 목숨을 잃었지.

흑사병이 지나간 뒤, 유럽에 불어 닥친 변화는 헤아리기 어려울 만큼 컸단다. 우선 너무 많은 사람들이 죽었기 때문에 일할 수 있는 사람을 찾기 어려워졌어. 땅과 재산을 가진 사람들은 노동자와 소작인들에게 좀 더 좋은 조건을 내 보여야 했지. 그리하여 임금은 계속해서 올랐고 빈부 격차가 줄었어.

부가 한결 고르게 분배되며 예전에는 엄두도 내지 못한 비싼 물건들을 살 수 있게 되었어. 사람들은 땀 흘려 번 돈을 저축하는 대신 좋아하는 물건을 사는 데 아낌없이 썼단다. 흑사병으로 친구와 가족이 고통 속에 죽는 것을 보았기에, 기회가 있을 때 마음껏 쓰고 즐기자는 분위기가 된 거야.

1400년 무렵이 되자 흑사병의 영향은 유럽에서부터 서아시아와 중국에 이르기까지 모든 곳에서 드러났어. 베네치아는 아시아에서 많은 사치품을 수입하며 돈을 계속 벌어들였어. 베네치아 항구는 그림물감이 들어오는 주요한 곳이었지. 돈이 많아지며 예술가를 후원하는 사람이 늘

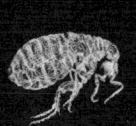
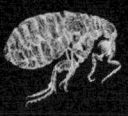

었고, 덕분에 미켈란젤로나 레오나르도 다 빈치 등이 훗날 유럽 미술의 황금시대를 이끌 수 있었단다.

같은 시기 중국에는 몽골족이 세운 원나라가 멸망하고 명나라가 세워졌어. 명나라는 큰 도시들을 연결할 운하 건설을 계획했고, 많은 돈을 들여 대규모 함대도 만들었지. 명나라 황제는 이슬람교도 출신인 정화 장군을 먼 바다로 보냈어. 정화가 이끄는 수백 척의 함대는 몇 차례 원정을 떠나 멀리 아라비아와 아프리카까지 갔어. 명나라로 돌아올 때 진귀한 물건들을 배에 가득 싣고 왔는데, 기린 같은 이국적인 동물도 있었지. 이 시기 바로 옆 한반도에는 조선이 세워져 안정을 이루어 가고 있었어.

중앙아시아에서는 절름발이 장군 티무르가, 200년 전 칭기즈 칸이 걸었던 발자취를 따라 아시아 중심부에 거대한 새 제국을 세웠어. 그는 제국 곳곳에 이슬람 사원과 왕궁을 짓겠다는 야심찬 계획으로 목수·화가·보석 세공사 등 모든 분야의 기술자들을 끌어모아 사마르칸트 같은 도시들을 화려하게 꾸미도록 했어.

이 새로운 야망의 기류를 타고, 오스만 제국은 콘스탄티노폴리스 장벽을 지나쳐 발칸 반도까지 진출했어. 이제 콘스탄티노폴리스는 무슬림 바다에 둘러싸인 기독교인들의 섬이 되었지. 유럽 여러 나라에 도움을 구했지만 결국 응답 받지 못한 채 1453년, 동로마 제국의 수도가 함락되었어.

한편, 유럽 서쪽 끝에서는 놀라운 일이 계획되고 있었어.

포르투갈에서는 항해 기술이 날로 발전했어. 포르투갈 탐험가들은 아프리카 해안을 따라 내려갔지. 이들과 마주친 수많은 사람들이 붙잡혀 노예가 되었어. 사로잡힌 이들은 시뻘겋게 단 쇠로 낙인이 찍혀, 아프리카 라고스와 포르투갈 부두에서 가장 많은 값을 부르는 사람에게 팔렸어.

이 탐험대 틈에서 아프리카 해안 지도를 만들던 한 사람은 다른 것에 눈독을 들이고 있었지. 이 사람은 노예보다는 아시아로 가는 무역로를 여는 데 더 관심이 있었어. 그리고 대서양을 건너 서쪽으로 계속 나가면 인도와 중국에 닿을 수 있을 거라고 생각했지. 그의 이름은 크리스토퍼 콜럼버스였단다.

제 9 장

신세계로 가는 길

1492년 8월, 콜럼버스는 배를 타고 미지의 세계로 떠났어. 일곱 달 뒤, 대서양을 건너 전한 그의 소식은 유럽을 열광시켰지. 콜럼버스는 아직까지 알려지지 않은 인도 땅 일부분을 발견했다고 했어. 실제로 그곳은 인도가 아닌 아메리카의 한 섬이었지만 말이야. 콜럼버스는 자신이 발 딛은 땅이 세상 어느 곳보다 기름지고 향신료가 셀 수 없이 많이 자라며, 개발되지 않은 커다란 금광도 있다고 했지. 그러나 그가 으스대며 자랑한 것들은 대부분 다 거짓말이었단다. 자신의 항해 계획을 믿고 큰 비용을 대 준 사람들을 안심시키기 위해서였어.

그러던 콜럼버스 일행은 1498년, 마침내 그토록 기다리던 보상을 받았어. 오늘날 남아메리카 베네수엘라 해안에서 우연히 진주 목걸이를 한 원주민들을 만난 거야. 이어 엄청나게 큰 진주를 캘 수 있는 섬도 발견했지. 콜럼버스 일행은 얼른 달려가 진주를 긁어모았어. 진주가 널려 있어, 그저 가서 줍기만 하면 된다는 소식에 유럽 사람들은 흥분했어. 진주에 이어 풍부한 금과 은도 발견되었지. 당시 중앙아메리카와 남아메리카에는 아스텍 제국과 잉카 제국이 세워져 있었어. 콜럼버스 탐험 이후, 이 두 제국은 유럽 사람들에게 돈과 명예를 얻기 위해 가야 하는 목적지가 되었단다.

유럽 탐험가들은 자신들의 욕심을 채우기 위해 아메리카 원주민들을 철저히 짓밟았어. 원주

아스텍 제국 사람들은 자신들의 땅에 침입한 유럽 사람들을 당해 낼 수가 없었어.

민들을 포악하게 다룬 대표적인 사람으로 에르난도 코르테스라는 에스파냐 장군이 있었어. 그는 부자가 되기 위해 무슨 짓이든 서슴지 않았는데, 원주민들에게 말도 안 되는 이유를 대며 금을 빼앗아 갔어.

"나와 내 친구들은 심장병을 앓고 있는데, 금이 있어야 그 병을 치료할 수 있소."

아스텍 제국의 수도 테노치티틀란에 도착한 유럽인들은 굶주린 야수처럼 행동했어. 모든 사람이 탐욕에 사로잡혀 값나가는 것이라면 무엇이든 빼앗아 갔어. 방패와 왕관에 붙은 금과 보석마저 떼어 갔지. 그것만으로는 성에 차지 않은 듯, 유럽인들은 종교 축제에 모인 원주민들을 한꺼번에 모아 놓고 한 명도 남김없이 죽였어. 그러고는 집집마다 샅샅이 뒤지며 새로운 희생자를 찾아냈단다.

엎친 데 덮친 격으로, 아메리카 대륙에 없던 질병들이 유럽인들을 따라 들어왔어. 전염병에 저항력이 없던 원주민들은 천연두와 독감에 걸려 죽어 나갔어. 인구가 너무 줄어 농사를 지을 사람이 없게 되자, 남은 사람들도 결국에는 굶어 죽었지.

이제 유럽으로 가는 바닷길은 아메리카 대륙에서 출발한 배들로 붐볐어. 배에 실려 에스파냐로 들어오는 금과 은이 너무 많아, 곡식 무더기처럼 항구에 쌓아 올려야 했지. 돈이 끝없이 대서양을 건너 흘러 들어오며 에스파냐 국왕 카를로스 1세는 유럽에서 가장 힘 있는 사람이 되었어. 동시에 아메리카 대륙에 있는 새 제국의 지배자가 되었지. 유럽 변두리에 있던 에스파냐가 세계 강국이 된 것은 거의 기적에 가까운 일이었어.

그렇다고 에스파냐가 그 모든 것을 혼자 차지한 것은 아니었단다. 콜럼버스가 첫 항해를 떠난 지 불과 5년 만에 바스쿠 다 가마가 이끄는 포르투갈 함대가 콜럼버스 항해와 반대 방향인 동쪽으로 출발했어. 그는 아프리카 남쪽 끝을 돌아 마침내 인도에 도착했지. 인도와 그 주변 나라들로 가는 새로운 길을 찾아낸 거야.

1499년에 바스쿠 다 가마는 항해를 마치고 돌아왔어. 이 소식을 들은 베네치아 사람들은 충격에 휩싸였어. 돈을 싸들고 향신료를 사러 베네치아로 오던 사람들이, 이제는 다 포르투갈 리스본으로 발길을 옮기게 될 거라며 호들갑을 떨었어. 그도 그럴 것이 향신료가 육로를 거쳐 베네치아로 오기까지 수많은 검문소를 거쳐야 하고, 그때마다 세금을 내야 했지. 그런데 바다로 실어 오면 그럴 필요도 없어, 값을 확 낮추어 내놓을 거라는 이야기였어. 베네치아 사람들이 경쟁할 엄두도 내지 못할 싼 가격으로 말이지.

그러나 적어도 베네치아가 당장 망할 리는 없었어. 바다는 아직 너무나 위험했거든. 보물을 가득 싣고 돌아오는 배들을 노리는 해적들이 얼마나 많았는지, 아프리카 남쪽 끝을 지나간 배 가운데 무사히 돌아온 것은 절반도 안 됐어. 또 하나, 포르투갈 배들이 점점 더 많이 나타나는 것을 반기지 않은 사람들이 있었어.

오스만 제국의 튀르크인들이 대표적이었지. 오스만은 1517년, 이집트를 정복하며 지중해 동쪽에서 강력한 제국으로 떠올랐고, 포르투갈과 군사 대결도 마다하지 않았어. 그러자 포르투갈은 자신들의 몫을 지키고자 성과 요새를 세웠고, 바다에서 잇단 충돌이 벌어졌단다. 그보다 앞서, 베네치아는 무역 질서를 뒤흔드는 포르투갈에 맞서 이집트와 동맹을 맺으려고 했지.

그러는 사이 에스파냐와 포르투갈 탐험가들은 더 멀리까지 진출했어. 인도와 먼 동쪽의 향신료가 나는 섬들, 나아가 중국 해안에 도달했으며, 태평양을 가로질러 항해했어. 유럽은 더 이상 구석에 처박힌 것이 아니라 세계 중심에 있었어. 유럽 안에서도 중심이 대륙 동쪽에서 서쪽으로 옮겨졌지. 유럽 서쪽은 아메리카뿐 아니라, 아프리카와 아시아로 가는 새로운 바닷길과도 가까웠어.

유럽은 아메리카에서 짜낸 부 덕분에 아시아에서 더 많은 사치품들을 살 수 있게 되었어. 특히 향신료가 인기 있었는데, 요리뿐 아니라 약으로도 쓰였어. 생강과에 속하는 소두구라는 향신료는 위에 가스가 차는 병을 고치는 데, 육두구라는 열매 기름은 배탈을

크리스토퍼 콜럼버스의 유명한 배, 산타마리아호

치료하는 데 쓰였어. 계피·정향·생강·후추 같은 값비싼 향신료를 쓰는 것은 재산이 많고 신분이 높다는 표시였어. 가난한 사람들에게는 물론 그림의 떡이었지. 이런 비싼 상품 값은 아메리카 대륙에서 착취한 금은과 그 밖의 보물들로 치렀어.

유럽에서 얼마나 많은 사치품을 사들였는지, 매년 은 수백 톤이 아시아로 흘러 들어갔어. 아시아는 돈이 넘쳐흐르며 큰 번영을 누렸어. 가장 많이 덕 본 곳은 유럽에 팔 물건을 생산하는 인도·중국·중앙아시아였어. 그리하여 당시 바부르라는 황제와 그 후손들은 중앙아시아와 오늘날 인도·파키스탄 대부분을 아우른 무굴 제국을 세울 수 있었어. 바부르는 칭기즈 칸 가문의 사위라 자칭한 티무르의 후손으로 알려져 있지. 그는 도시마다 화려한 궁전과 정원을 짓도록 했어.

무굴 제국 5대 황제 샤 자한이 아내의 죽음을 기억하기 위해 세운 타지마할도 빼놓을 수 없어. 타지마할은 아내에 대한 남편의 지극한 사랑이 담긴 세계에서 가장 낭만적인 기념물이라고 할 수 있지. 이 화려한 건물을 지을 수 있었던 것 역시, 무역으로 유럽에서 어마어마한 돈이 흘러 들어왔기 때문이었어. 당시 아시아가 번영을 누린 데에는 결국 아메리카 대륙의 희생이 깔려 있었던 거야.

페르시아에는 사파비 왕조가 탄생했어. 옛 티무르 제국이 있던 땅 한쪽에서 말이지. 전성기를 이끈 압바스 1세는 왕국의 수도이자 현재 중부 이란에 있는 이스파한을 재건할 야심찬 계획을 세웠어. 그는 오래된 시장과 칙칙한 거리를 허물고, 도시 계획에 맞춰 가게와 이슬람 사원, 대중목욕탕, 정원들을 만들도록 했지. 세계 다른 지역과 활발히 교류하며 중국과 오스만 제국에도 멋진 건축물들이 들어섰어.

이렇듯 에스파냐와 포르투갈의 항해는 아메리카를 시작으로 아프리카와 유럽, 최종 목적지인 아시아를 하나로 연결시켰어. 그 과정에서 새로운 교역로가 생기며 점점 더 많은 유럽 사람들이 아시아로 왔지. 금과 은이 풍부한 아시아에서, 유럽 사람들은 나라마다 다른 금값 차이를 이용해 쉽게 돈 버는 방법을 알아냈어. 많은 유럽 사람들이 아시아에서 얻을 수 있는 것들을 떠올리며 입맛을 다셨어. 이들의 머릿속은 이제 새로운 고민으로 가득 찼어. 아메리카에서 이룬 것을 과연 아시아에서도 해낼 수 있느냐는 것이었어. 바로 아시아를 정복하는 일이었어.

아시아를 정복한다면
교역으로 얻을 수 있는 것보다
훨씬 더 많은 것을 차지할 테니 말이야.

제 1 0 장

북유럽으로 가는 길

유럽의 무게 중심은 마침내 동쪽에서 서쪽으로 옮겨졌어. 아메리카에서 빼앗은 재물로, 포르투갈과 에스파냐가 부자가 되며 말이지. 이 모습을 보며 가장 불쾌해한 건 잉글랜드 사람들이었어. 경쟁자들이 하룻밤 사이에 재산을 몇 배씩 불린 것만으로도 쓰라린데, 에스파냐의 부는 하느님이 내려 주신 것이라며 떠들어 대니 속이 뒤틀릴 수밖에. 가톨릭 국가인 에스파냐와 포르투갈과 달리, 잉글랜드는 마침 가톨릭의 우두머리인 교황과 관계를 끊은 뒤였어. 그래서 이 말은 더욱 뼈아프게 다가왔어.

1500년대에 유럽은 종교 개혁이라는 사건으로 큰 변화가 일고 있었어. 종교 개혁은 부패한 로마 가톨릭을 개혁하자며 일어난 운동이야. 교황이 성당 보수 비용을 마련하기 위해 면죄부를 파는 등 성직자들은 몹시 타락해 있었어.

종교 개혁으로 기독교는 가톨릭과, 이에 대항하는 프로테스탄트로 갈리었어. 프로테스탄트를 지지하는 왕들은 교황과 멀어지게 되었고, 교황 피우스 5세는 영국 여왕 엘리자베스 1세가 자신의 뜻을 잘 따르지 않자 1570년, 여왕을 파문해 버렸지.

이러한 상황 속에서 잉글랜드는 언제일지 모를 가톨릭 국가들의 공격에 대비해야 했어. 우선 바다를 지킬 군함을 마련하는 데 큰돈을 쏟아부었어. 불과 20년 만에 잉글랜드는 더 큰 대포를 실을 수 있는 크고 빠른 배를 만들어 냈지. 배를 다루는 기술도 엄청나게 발전하며 1588년에는 에스파냐 무적함대를 무찔렀단다.

몇 년 뒤 잉글랜드 선장들은 영리한 보물 사냥꾼이 되어, 아메리카나 아시아에서 돌아오는 배들을 덮쳤어. 배에는 후추·비단·진주·귀금속 등이 실려 있었지. 심지어 배 전체를 통째로 붙잡아 잉글랜드 항구로 끌고 온 적도 있었단다. 잇따른 성공은 자신감을 불러일으켰어. 잉글랜드는 에스파냐와 포르투갈이 뚫은 교역로에 도전장을 내밀며 오스만 제국과도 가깝게 지내려고 했어. 가톨릭 국가의 적이라면 누구든 상관없다는 거였어. 상대가 무슬림이라도 말이지.

엘리자베스 여왕은 오스만 제국 통치자인 술탄에게 오르간 같은 값나가는 선물을 보냈고, 술탄의 어머니와 어떤 향수를 뿌리면 좋을지 편지를 나누기도 했어. 모스크바와 페르시아에도 대표단과 상인들을 보내 교역을 늘리고자 했지. 그러나 큰 성과는 없었어. 에스파냐와 달리 잉글랜드는 여전히 변두리에 머물러 있었어.

이때 네덜란드는 에스파냐의 지배를 받고 있었어. 가톨릭 국가인 에스파냐는 네덜란드 프로테스탄트들을 박해했지. 에스파냐가 아메리카 원주민에게 저지른 끔찍한 이야기는 당시 유럽 프로테스탄트 국가에 쫙 퍼져 있었어. 아메리카에서 수백만 명을 학살했듯, 에스파냐는 언제고 똑같은 짓을 벌일 거라는 생각을 품게 되었어. 이런 두려움을 느끼던 상황에서 에스파냐가 무거운 세금을 물리자 네덜란드 사람들은 반란을 일으키며 1581년, 독립 선언을 했어. 이후 에스파냐 군대를 네덜란드 땅에서 몰아내는 데도 성공하며, 야심찬 계획으로 국제 무역에 뛰어들었어.

네덜란드는 잉글랜드가 빠르고 강한 군함을 만드는 것을 보며, 배를 개발하는 데 온 힘을 다했고 아시아로 가는 교역로와 항구, 시장들을 샅샅이 연구했어. 네덜란드 사람들은 지도 만드는 일에도 세계 최고라 할 수 있었지. 아시아로 출발하는 사람들을 위한 안내서는 물론, 상인들이 알아야 할 낯선 아시아 언어를 정리한 책도 펴냈단다. 이렇게 철저한 준비 끝에 네덜란드는 포르투갈을 제치고 아시아 향신료 무역을 사실상 독점하게 되었어. 성공의 열쇠는 동인도 회사라는 새로운 무역 회사에 있었어. 인도와 동남아시아로 진출하기 위해 세운 이 회사는 나라에서 군사와 무역 독점권을 받아 아시아 여러 지역으로 뻗어 나갔어.

큰 성공을 거머쥔 네덜란드는 새로운 모습으로 바뀌었어. 도시 암스테르담에는 웅장한 건물들이 들어섰고, 예술도 발전하여 프란스 할스·렘브란트·베르메르 같은 화가들이 숨이 멎을 듯

**영국 엘리자베스 1세 여왕.
여왕은 멀리 있는 나라와도 친분을 쌓아 갔어.**

한 아름다운 작품을 만들어 냈어. 도시가 번영을 누리면서 인구도 급격히 늘었어. 이러한 성공은 장래를 위해 오랜 시간 성실히 일했던 사람들이 있었기에 누릴 수 있던 거야. 물론 시기를 잘 만난 행운도 있었지. 1618년에 프로테스탄트와 가톨릭 사이에 벌어진 전쟁이 30년 동안 이어지며 유럽 대부분이 큰 혼란에 빠졌어. 다른 나라들이 신경 쓰지 못하는 사이, 네덜란드는 경쟁자들을 물리치며 원하는 것들을 손쉽게 차지할 수 있었던 거야. 콜럼버스와 바스쿠 다 가마의 탐험이 시작되기 전에도 유럽 왕국들은 서로 치열하게 경쟁하며, 수백 년 동안 끊임없는 전쟁을 벌였지. 그 과정에서 군사 기술이 발전하고 무기도 더욱 강력해졌단다. 아주 적은 병력으로 아메리카를 정복할 수 있었던 것도 바로 뛰어난 무기 덕분이었지.

오랫동안 유럽 문학과 미술은 싸움과 폭력, 살육을 미화했어. 전쟁을 벌일 때면 신이 계획하셨다는 그럴 듯한 명분을 내세웠어. 콜럼버스가 거느린 배 돛에도 어김없이 십자가가 찍혀 있었지. 그러니까 1490년대 탐험 이후, 유럽이 세계 중심에 설 수 있었던 것은 폭력과 무기 덕분이었어. 물론 유럽 말고 다른 곳에서 폭력이 없었다는 것은 아니야. 모든 정복은 항상 죽음과 고통을 불러왔지. 그러나 이슬람교가 빠르게 퍼진 수십 년 동안이나 몽골 정복 시기같이 갑자기 큰 제국이 들어선 뒤에는, 안정과 평화가 지속되었어. 이들 지역과 달리, 유럽은 훨씬 더 자주 전쟁을 벌이며 끊임없이 충돌했지.

아시아와 무역을 하며 네덜란드 암스테르담은 더욱 더 발전했어.

네덜란드가 그랬듯, 잉글랜드도 동인도 회사를 세워 인도로 진출했어. 동인도 회사에서 일하는 것은 재산을 모으는 가장 확실한 방법이라 할 정도로, 인도에 도착한 사람들은 너도나도 벼락부자가 되었어.

그러나 이들이 돈을 버는 방식은 폭력배들이 하는 짓 같았어. 상상을 뛰어넘는 높은 이자로 돈을 빌려주거나, 터무니없이 많은 이익을 챙겼지. 현지 사람들끼리 벌인 싸움에도 끼어들어, 편을 들어 준 대가로 어마어마한 보상을 받아 냈어. 1757년, 동인도 회사 직원인 클라이브는 인도 무굴 제국 땅이었던 벵골 지역에서 벌어진 전투에 끼어들었어. 전투에서 자신이 지원한 편이 이기자, 그 대가로 조세 수입을 주무를 수 있는 자리를 꿰찼어. 그는 하룻밤 사이 손꼽히는 부자가 되었지.

10년 동안 동인도 회사 직원들이 벵골 지역에서 가로챈 재물은, 오늘날로 치면 수백억 파운드(수십 조 원)어치나 된단다. 흉년이 들어 벵골 주민 3분의 1이 굶어 죽는 것을 보면서도, 이들은 늘 제 배 불릴 생각만 했어.

1600년대만 해도 유럽은 아시아에 사절단을 보내 선물을 바치며 어떻게든 거래를 성사하려고 했어. 유럽이 새로운 교역로를 개척한 뒤였지만 여전히 아시아 등뼈를 가로지르는 실크로드는 상인들로 북적였지. 그러나 아시아를 대하는 유럽 사람들의 태도가 뻣뻣해지고 있었어. 현지

주민들을 아메리카 주민들과 마찬가지로 나약하고 쓸모없는 사람들로 여기기 시작했지. 서로 물건을 사고팔던 교역이, 강제로 빼앗는 수탈로 바뀌고 있었어.

　벵골에서는 많은 사람들이 죽어 나가며 노동력이 크게 줄고 경제가 파탄 났어. 동인도 회사도 망하기 직전이었지. 영국 정부는(잉글랜드를 중심으로 1707년에 스코틀랜드와 합쳐지며 영국이라는 한 나라가 돼.) 만약 회사가 무너진다면 나라에 미칠 충격이 너무 크다고 판단했어. 동인도 회사를 살리기 위해 자금을 대 주기로 했지. 그러려면 돈을 끌어올 곳이 필요했어.

영국의 눈길은 곧바로 북아메리카 식민지로 향했어.

　북아메리카에는 영국이 세운 열세 개 식민지가 있었어. 영국이 식민지에 높은 세금을 매기자 식민지 사람들은 크게 반발했어. 당시 영국은 식민지 대표들을 영국 정치에 끼워 주지 않았어. 그러자 식민지 사람들은 어떻게 '대표 없는 과세'가 있을 수 있느냐며 따졌지. 영국 의회에 식민지 대표는 한 명도 없는데, 왜 영국에서 마음대로 정한 세금을 내느냐는 뜻이었어.

　갈등이 깊어지는 가운데 1773년, 영국 정부는 동인도 회사가 관세 없이 북아메리카에서 홍차를 판매하도록 허락했어. 차 무역을 하던 식민지 상인들은 당장 살길이 막막해졌지. 마침내 이들은 폭발했어. 식민지 사람들은 홍차를 싣고 보스턴 항구로 들어오는 동인도 회사 배에 올라탄 뒤, 차 상자를 바다 속에 던져 버렸어. 갈등이 깊어지며 결국 전쟁이 시작되었고, 영국과 싸워 승리를 거둔 식민지 사람들은 독립을 선언했단다. 새로운 나라, 미국이 탄생하는 순간이었지.

　북아메리카에 있던 열세 개 식민지를 잃은 것은 영국에게 몹시 치욕스럽고 뼈아픈 경험이었어. 이 일로 영국은 자신들이 차지한 땅을 지켜 내는 게 얼마나 중요한 일인지 깨달았지. 다시는 같은 실수를 하지 않기 위해, 이제부터는 인도에 집중하기로 했어. 영국은 미국을 잃었을지언정 인도는 절대로 잃을 수 없었어.

제 1 1 장

대결로 가는 길

북아메리카뿐 아니라, 세계 곳곳에서 변화의 기운이 감돌고 있었어. 지구 반대편 오스트레일리아에서도 말이야. 유럽 사람들이 오스트레일리아로 이주해 오면서, 조상 대대로 그곳에서 살아 온 원주민들은 쫓겨났지. 1789년에 프랑스에서는 혁명이 시작되었고, 프랑스 왕과 왕비는 단두대에서 처형되었어. 이 상황을 지켜보던 이웃 나라 왕들은 자신들에게도 같은 일이 닥쳐올까 봐 두려워했단다. 아르헨티나·칠레·브라질 같은 남아메리카에서는 독립을 요구하는 목소리가 커졌고, 다른 지역 사람들도 에스파냐와 포르투갈의 지배에서 벗어나고자 했어. 또 남아프리카에서는 샤카라는 사람이 주변 부족을 잇달아 정복하며 강력한 새 제국을 세웠어.

영국은 무력을 써서라도 동아시아와 교역을 넓혀 가려고 했어. 1793년, 영국 사절단은 중국 청나라 황제 건륭제를 찾아와 처음에는 정중히 부탁했어. 청나라 땅에 영국 상인들이 모여 살 곳을 마련하려고 하니, 허락해 달라고 했지. 청나라 황제는 거만한 태도로 이렇게 답했어.

"우리는 없는 것이 없소. 그대 나라에서 만든 물건을 쓸 일도 전혀 없소."

이렇게 멸시하듯 내뱉은 말과 달리, 영국은 청나라 허가를 받아 내는 데 성공했어. 그러나 손해만 나자 영국 상인들은 몰래 아편이라는 고약한 마약을 들여와 팔았어. 청나라 사람들이 아편에 중독되며 사회는 혼란에 휩싸였고, 두 나라 사이에 전쟁이 벌어졌지. 1842년, 전쟁에서 승리한 영국은 청나라와 조약을 맺어 홍콩을 손에 넣었어. 그동안 문을 걸어 두었던 다른 항구도 영국에 개방되었어.

　세계 중심부에 있는 페르시아도 휘청대기는 마찬가지였어. 아시아 땅을 노리며 팽창해 가는 유럽 여러 나라들에게 시달리고 있었지. 영국은 페르시아 지배자를 마음대로 주무르기 위해 비싼 선물을 주고 군사도 지원해 주었어. 페르시아에 이처럼 정성을 쏟은 이유 중 하나는 프랑스 때문이었어. 프랑스에서 나폴레옹이 등장하며 이집트를 정복한 데 이어, 인도에서 영국을 몰아내려고 했으니까.

　겉으로는 페르시아와 좋은 관계를 이어 가던 영국은 1812년, 나폴레옹이 러시아를 공격하자 갑자기 태도를 바꾸었어. 페르시아

나폴레옹 보나파르트

와 원수 사이인 러시아와 손잡기 위해, 페르시아와 맺은 동맹을 깬 거야. 영국은 고약하게도 러시아가 페르시아를 공격하도록 돕고, 페르시아 땅 가운데 많은 부분을 러시아가 차지한다는 조약에도 찬성했어. 우정을 저버린 영국의 결정에 페르시아는 실망감을 감추지 못했어.

　그럼에도 영국은 눈 하나 깜짝하지 않았어. 영국이 풀어야 할 가장 큰 숙제는 나폴레옹을 물리치는 것이었으니까. 1815년, 오늘날 벨기에 워털루에서 벌인 전투에서 승리하며 영국은 오랜 숙제를 풀었지.

　나폴레옹이 몰락하며 프랑스 위협이 사라지자 이번에는 러시아가 고개를 들기 시작했어. 러시아는 수십 년 동안 국경을 넓히고 있었어. 중앙아시아 초원에 펼쳐진 넓은 땅과 주민들이 러시아에 흡수돼 버렸지. 러시아가 남쪽으로 계속 내려오며 자신들의 식민지인 인도 문 앞까지 다가오자 영국은 더욱 초조해졌어. 영국은 중앙아시아에서 위치를 더 확실히 해 두기 위해, 현지 지배자들을 끌어들이기로 했지. 그리하여 페르시아와 인도 사이에 있는 아프가니스탄 내부 문제에 간섭했어. 당시 아프가니스탄은 왕위를 둘러싸고 혼란에 휩싸여 있었지. 영국은 아프가니스탄의 지도자 도스트 모하마드 대신, 자신들의 말을 잘 따를 샤 슈자를 꼭두각시 왕으로 세우려고 했어. 하지만 이기적이고 어리숙한 샤 슈자는 인기가 없었고, 아프가니스탄 사람들의 지지를 받은 건 도스트 모하마드였어. 영국이 계속 간섭하려 들자, 아프가니스탄 사람들은 크게 반발

했어. 영국은 군대를 보내 이 문제를 무력으로 해결하려 했지. 그러나 얼마 지나지 않아 영국 군대는 무너져 갔고, 눈물을 머금고 철수해야 했어.

1842년, 긴 행렬을 이루어 아프가니스탄을 떠나던 영국 병사들이 산속에서 공격을 받았어. 한겨울 눈 속에서 영국군은 전멸했고, 전하는 이야기로는 딱 한 사람만 겨우 살아남았다고 해. 이 일은 영국군에게 받아들이기 힘든 치욕스러운 역사로 기억되었어. 이렇듯 러시아를 저지하려던 계획은 실패하는 듯했지만, 곧 그들의 콧대를 꺾어 놓을 기회가 찾아왔단다. 1853년, 영국 빅토리아 여왕이 재위하는 동안에 말이야.

러시아가 종교 문제를 빌미로 오스만 제국을 침략하자 영국은 흑해로 군대를 보내 오스만 제국 편이 되어 싸웠지. 경쟁자인 러시아가 계속 세력을 넓히는 것을 막고, 인도에서 자신들의 이익을 보호하기 위해서였어. 프랑스도 이에 동참했는데 이들의 목표는 하나, 러시아에 따끔한 맛을 보여 주는 것이었어.

결국 러시아는 패배하며 1856년, 평화 조약을 맺었어. 조약 내용은 러시아에게 거의 재앙에 가까웠지. 흑해와 카스피 해 사이에 있는 캅카스 지역 대부분을 빼앗기며, 러시아는 어렵사리 얻은 이익을 몽땅 잃게 되었어. 러시아는 추워서 겨울이면 항구가 꽁꽁 얼었단다. 그래서 한겨울에도 얼지 않는 흑해 항구가 중요했는데, 이제는 그곳에 얼씬도 하지 못하게 된 거야.

그런데 러시아의 야망을 꺾어 버리려던 영국의 시도는 오히려 정반대 결과를 낳았단다. 이번 패배를 통해 러시아 황제는 자기 나라 군대가 얼마나 뒤떨어져 있는지 알게 되었지. 제대로 싸우지 못한 것을 분하게 여기며, 황제는 군대를 총점검 하도록 명령했어. 낡은 무기를 최신 것으로 바꾸고, 병사들의 평균 연령을 낮추었지. 가장 놀라운 변화는 수백 년 동안 이어 온 농노제를 폐지한 것이었어. 이 제도가 폐지되며, 부유한 지주들의 땅에 묶여 노예와 다름없이 살던 주민들에게 자유가 주어졌어.

영국 여왕 빅토리아 1세

러시아를 막아 내기 위한 이 전쟁은 흑해 크림 반도라는 곳에서 벌어졌어. 그래서 크림 전쟁이라고 부르지. 이 전쟁에서 영국 군대는 무모한 군사 작전을 펼치며, 러시아 대포 앞으로 곧장 돌격하는 실수를 저질렀어.

이를 시작으로 러시아는 놀랍게 성장하며, 중앙아시아 초원 지대에서 더 많은 땅들을 차지해 나갔어. 초원 지대에는 풍부한 자원과 농사지을 수 있는 드넓은 땅이 있었지. 러시아는 이 거대한 땅을 하나로 연결할 교통망을 건설하기로 했어. 동쪽 태평양 연안의 블라디보스토크를 서쪽 북해와 연결하고, 북쪽 북극해를 남쪽 카스피 해와 연결하는 철로가 놓였어.

그러나 갑작스러운 성장에는 무리가 따르기 마련이지. 제국의 드넓은 땅을 유지하려면 엄청난 자금을 쏟아부어야 했어. 1800년대 초, 러시아 동쪽 국경은 아시아가 아닌 전혀 다른 곳에 있었어. 바로 북아메리카였어. 러시아는 제국을 유지하는 데 필요한 자금을 마련하기 위해 1867년, 훗날 땅을 치고 후회할 결정을 내려 버렸단다. 헐값에 북아메리카에 있는 알래스카 땅을 팔기로 한 거야. 이를 산 것은 미국이었어.

갈수록 강한 힘을 과시하는 러시아를 보며 영국은 조마조마했어. 자신들의 식민지 인도가 공격받는 것은 시간문제라고 확신했지. 영국 고위 관리들은 앞으로 러시아가 인도를 침략하면 어떻게 대처할지를 놓고, 쓸데없는 논쟁을 벌였어. 동아시아로도 뻗어 나가는 러시아를 막아 내기 위해 영국은 1885년, 한반도 남해안 앞바다에 있는 거문도를 점령했단다.

뭐니 뭐니 해도 영국과 러시아의 가장 치열한 경쟁 무대가 된 곳은 페르시아였어. 러시아가 남아시아와 인도로 진출할 수 있는 길목에 페르시아가 있으니까. 영국은 페르시아 지도자들을 손아귀에 넣기 위해 이들의 죽 끓듯 한 변덕을 맞춰 주었고, 호화로운 생활을 마음껏 즐길 수 있도록 돈도 넉넉히 빌려주었지. 이에 질세라 러시아도 영국보다 더 좋은 조건으로 돈을 빌려주었어.

1900년대 초가 되자 페르시아는 영국에게 더더욱 중요한 나라가 된단다. 한 영국 회사가 이곳에서 석유를 발견한 거야. 한 야심찬 영국 의원은 이 나라 미래가 석유에 달려 있다는 것을 일찌감치 알아차리고는 1913년, 의회에서 이렇게 말했어.

"석유를 얻지 못하면 우리는 옥수수도, 면화도 얻을 수 없습니다. 그 밖의 수많은 상품들도 얻을 수 없을 것입니다."

이 젊은이는 뒷날 총리가 되는 윈스턴 처칠이었어. 그러나 그는 세계가 전쟁으로 빠져들고 있다는 것은 알아차리지 못했단다. 어찌 됐든 전쟁이 난다면 영국은 연료 걱정은 던 셈이었지. 페르시아 땅속에 묻혀 있는 '검은 황금', 석유 덕분에 말이야.

제 1 2 장

전쟁으로 가는 길

1900년대 초, 전 세계는 문제투성이인 듯했어. 남아프리카와 중국에서는 영국에 맞서 반란이 일어났어. 사람이 사는 모든 대륙에 거대한 제국을 세운 영국은 이 상황을 지켜보며, 그동안 일을 너무 벌여 놓은 게 아닌가 하는 생각에 잠겼지. 러시아는 아시아의 크고 작은 나라들을 집어삼키며 영국을 압박했고, 두 나라 충돌을 막기 위해 남겨 놓은 중립 지대는 마치 '과자 두께만큼'이나 얇아졌지.

이 상황에서 영국 새 외무부 장관 에드워드 그레이는 모든 국경을 방어하는 것은 불가능하다는 결론을 내렸어. 무엇보다 비용이 너무 많이 드니까. 그는 이 나라의 미래를 생각한다면 러시아와 동맹을 맺어야 한다고 주장했어.

이 시기 프랑스도 동맹자를 찾고 있었어. 바로 독일의 공격을 막기 위해서였어. 1800년대 중반까지만 해도 독일은 작은 나라들로 나뉘어 있었어. 프로이센은 그중 가장 강력한 국가였단다. 프로이센 총리인 오토 폰 비스마르크는 몇 차례 정복 전쟁을 벌이며 독일을 통일해 나갔어. 그리고 1870년에 프랑스 파리를 점령했지. 이때 프로이센 지배자 빌헬름 1세는 자신이 독일 제국 황제가 되었음을 당당히 선포했단다. 통일된 독일이 탄생하는 순간이었지.

독일 총리 오토 폰 비스마르크

독일은 러시아와 마찬가지로 큰 변화 속에 있었어. 1890년 이후 20년 동안에 석탄 생산량은 두 배, 금속 생산량은 세 배로 늘며, 독일은 유럽 중심부를 지배하는 초강대국이 되었지. 경제가 발전하자 독일은 군사비를 확 늘렸어. 그러자 프랑스는 또 다시 닥쳐올지 모를 독일의 공격에 대비해야 했지. 1894년, 프랑스는 러시아와 군사 협정을 맺고, 독일이나 그 동맹국이 군사 행동을 할 경우 독일을 공격하기로 뜻을 모았어.

1904년에는 프랑스와 영국이 동맹을 맺었고, 1907년에는 프랑스·영국·러시아 세 나라가 '삼국 협상'을 맺었어. 영국 그레이 장관은 이때도 러시아와 잘 지내야 한다고 거듭 강조했어. 설사 이 일로 독일과 관계가 끊어진대도 말이야. 그것만이 인도와 페르시아 일부 지역을 러시아가 차지 못하게 할 방법이라고 말했지.

러시아도 영국의 이런 의도를 모를 리 없었어. 영국이 아시아에서 자신들의 이익을 지키기 위해 이 동맹을 굉장히 중요하게 생각한다는 것을 말이야. 나아가 동맹을 유지하기 위해 영국은 러시아의 비위를 맞출 테니, 언젠가는 큰 양보를 얻어 낼 수 있으리라는 기막힌 계산을 했어. 러시아는 이 기회에 세력을 더욱 늘리겠다는 의지로 1910년, 몽골과 티베트 그리고 중국 땅이었던 동투르키스탄으로 진출했어. 이를 본 영국은 놀라움을 감추지 못했지. 아시아에서 자신들의 입지가 얼마나 약한지 확인하게 된 거야.

가뜩이나 어려운 상황에서 영국은 최악의 시나리오를 떠올렸어. 독일이 영국·러시아·프랑스 관계를 틀어지게 해서 삼국 협상을 깨뜨릴 수도 있다는 생각. 러시아가 정말로 삼국 협상에서 이탈할까 봐 영국은 불안에 떨고 있었어. 독일에 대한 안 좋은 생각들은 영국이 러시아와 동맹을 맺기 훨씬 전부터 깊이 박혀 있었어. 한 영국 외교관은 독일에 대해 이런 글을 남겼단다.

"독일은 우리를 위해 무언가를 한 적이 없으며 오로지 피를 흘리게 할 뿐입니다."

독일 역시 프랑스와 러시아가 양쪽에서 동시에 공격해 올 거라는 망상에 사로잡혔어. 그리하여 점점 더 많은 돈을 해군을 일으키는 데 쏟아부었지. 이는 해군이 강한 나라 영국을 더욱 불안하게 했어.

이처럼 유럽에는 온통 긴장감이 감돌고 있었어. 아프리카 모로코와 유럽 발칸 반도에서도 전쟁의 위기가 있었지. 그러나 크고 작은 위기들은 때가 되자 모두 지나갔어. 이는 사람들에게 그

영국과 독일은 더 나은 군함을 더 많이 만들기 위한 경쟁에 빠져들었어.

1914년, 제1차 세계 대전이 터지고 말았어.
병사들은 땅속 깊이 파 놓은 구덩이 속에
몸을 숨긴 채 전투를 벌였어.
금방 끝날 줄만 알았던 전쟁은
이 전술로 더욱 길어졌어.

릇된 안도감을 심어 주었단다. 영국 고위 외교관인 아서 니컬슨은 1914년 여름에 이렇게 적었지.

"나는 그토록 고요한 바다를 본 적이 없습니다."

제1차 세계 대전이 시작되기 한 달 전까지도, 사람들은 전쟁이 일어나지 않을 거라는 착각에 사로잡혀 있었어. 이제 막 모습을 드러내려는 무시무시한 현실을 제대로 바라보지 못하고 있었던 거야.

1914년 6월 28일, 아직 스무 살도 안 된 세르비아 청년, 가브릴로 프린치프는 보스니아 사라예보 거리에서 지나가는 차를 향해 권총을 두 번 발사했어. 첫 발은 목표물에 맞지 않았으나, 두 번째 발은 명중했어. 오스트리아·헝가리 제국 황태자 프란츠 페르디난트가 총에 맞아 죽은 거야. 이 사건으로 세계는 달라졌지.

암살 한 달 뒤, 오스트리아는 세르비아에 선전 포고를 했어.

러시아는 동맹국인 세르비아 편에 섰지. 독일은 오스트리아를 지원하기로 하며 러시아에 이어 프랑스에 선전 포고를 했어. 독일의 계획은 프랑스를 먼저 침공한 뒤 러시아를 공격하는 것이었어. 영국은 결정을 내리지 못한 채 러시아 눈치를 살피다가, 독일에 선전 포고를 했어.

제1차 세계 대전이 4년이나 계속돼 천만 명이 사망하고 그보다 더 많은 사람들이 다치리라고 예상한 사람은 아무도 없었어. 이전에 참여했거나 책에서 본 전쟁은 이보다 훨씬 빨리 끝났으니까. 군인들은 땅속 깊은 구덩이, 참호 속에 들어가 생활했는데 그 속에서 느끼는 공포는 상상을 뛰어넘은 것이었어. 무더기로 죽어 나간 사람들의 고통 역시 마찬가지였지.

1918년, 세계 대전이 끝나고 마침내 평화가 찾아왔을 때 유럽은 파괴되어 있었어. 전쟁 전 유럽 많은 나라들은 다른 대륙에 식민지를 개척하며 제국을 이루고 있었어. 조그마한 벨기에마저도 넓은 영토를 지배하고 있었으니까. 그러나 전쟁이 끝날 무렵, 번영의 시대도 지고 있었어. 제국을 다스리던 황제들은 왕좌에서 쫓겨나 버렸고, 러시아 황제는 어두컴컴한 지하실에서 아내와 아들, 네 딸과 함께 살해되었지. 러시아에서는 혁명의 불길이 일어 사회주의 국가가 탄생했어.

그러나 전쟁으로 생각지도 못한 혜택을 본 사람들도 있었단다. 전쟁 전, 여성들은 대부분 투표

한 장교는 호루라기를 불며, 병사들에게 철조망을 건너 참호를 뛰어넘으라고 외쳤어. 때로는 직접 총을 겨눈 채 명령했지.

여성 운동가 에멀린 팽크허스트

권이 없었어. 영국도 마찬가지였지. 에멀린 팽크허스트라는 사람은 여성에게도 남성과 똑같이 투표할 수 있는 권리를 달라고 강력히 주장했어. 이 주장이 받아들여지지 않자, 그는 단식 투쟁을 벌였고 끝내 감옥에도 갇혔지.

그러나 전쟁이 끝나고 평화 협정이 맺어진 뒤 모든 것이 달라졌어. 유럽뿐 아니라 미국과 옛 러시아 지역 곳곳에서도 여성에게 투표권이 주어졌어. 전쟁은 평등 의식이 널리 퍼지는 데 중요한 역할을 한 거야.

반면, 경제적으로는 너무도 크나큰 손실을 입었어. 4년 전에 영국은 세계에서 가장 부유한 나라였지만, 이제는 가장 빚이 많은 나라가 되었어. 전쟁은 생명만 앗아간 것이 아니었던 거야. 전쟁 비용을 대느라 국고가 깡그리 털리고, 나라는 엉망진창이 되었어. 이제 문제는 빈 금고를 어떻게 채우는가 하는 것이었어. 영국과 프랑스는 비난과 책임을 돌릴 대상이 필요했지. 이 비난의 짐은 독일 어깨 위에 지워졌단다.

1918년 11월 11일, 전쟁이 끝난 뒤 맺은 베르사유 조약은 전쟁이 독일 잘못으로 일어났으니, 그 책임을 받아들여야 한다고 규정했어. 독일은 막대한 돈을 영국과 프랑스에 지불해야 했는데, 절대 갚을 수 없는 어마어마한 액수였어. 통일되었던 영토는 다시 분할되며 독일은 땅 일부분을 빼앗겼지.

독일 정치가들은 국민들에게 나라를 다시 일으켜 복수하자고 외쳤어. 제1차 세계 대전이 끝나며 맺은 이 조약이 히틀러의 등장을 불러오리라 예상한 사람은 아무도 없었단다.

제 1 3 장

재앙으로 가는 길

제1차 세계 대전은 유럽만 뒤흔든 게 아니었어. 서아시아 역시 큰 변화를 겪었지. 바로 이 지역에서 나는 석유 때문이었어. 전쟁으로 석유 소비가 늘며, 유전을 확보하는 것이 무엇보다 중요해졌어.

전쟁이 한창이던 시기, 영국과 프랑스는 오스만 제국을 어떻게 나누어 가질지 머리를 맞대었어. 누가 어디를 차지할지를 놓고 두 나라 사이에 비밀 조약이 맺어졌지. 1916년, 영국 사이크스 의원과 프랑스 피코 외교관은 이 지역에 마음대로 국경선을 그어 점령하기로 했어.

오스만 제국이 지배하던 팔레스타인은 영국에게 너무도 탐나는 곳이었어. 이곳이 수에즈 운하를 보호할 수 있는 완충 지대였기 때문이야. 누구든 이집트에 있는 수에즈 운하를 공격하려면 팔레스타인을 거쳐 올 테니, 이 지역을 어떻게든 먼저 차지해야 했지. 수에즈 운하는 아프리카를 빙 돌지 않고도 유럽과 아시아를 오갈 수 있는 매우 중요한 통로였어. 그래서 영국은 일찌감치 이 운하를 꽉 쥐고 있었단다.

팔레스타인이 중요했던 또 다른 이유는 이곳이 송유관의 종점이기 때문이었어. 석유는 땅속에 설치된 송유관을 따라 전해졌는데, 석유가 마지막으로 도달될 곳을 차지하면 자연히 운송 비용도 아낄 수 있었지. 게다가 이 지역에 '하이파'라는 수심 깊은 항구가 있어, 석유를 지중해로 실어 나르기 편리했어.

팔레스타인은 영국의 오랜 고민까지 말끔히 해결해 줄 수 있는 곳이었어. 당시 영국은 유대인 이민자들이 자꾸만 늘어 걱정이 이만저만이 아니었어. 특히 박해를 피해 러시아를 떠나 온 이민자들이 많았지. 이들을 동아프리카 땅에서 살게 하자는 의견도 나왔으나 전쟁 무렵, 영국의 관심은 팔레스타인으로 옮겨 갔어. 유대인들의 터전을 팔레스타인에 만들어 주기로 한 거야. 그 민족의 터전은 시간이 지나 이스라엘 국가가 되었단다.

이렇듯 제1차 세계 대전 이후 서아시아에 불어 닥친 변화는 오늘날 세계에 중요한 영향을 미쳤어. 역사나 지리, 그곳에 사는 사람들의 바람과는 전혀 관계없는 국경선이 그어져 새로운 나라들이 만들어졌지. 이는 그저 영국과 프랑스의 이익을 반영한 것이었어.

영국으로서는 석유를 확보하는 것이 가장 중요했어. 이를 위해 영국은 서아시아에 자기네 이익을 지켜줄 지도자를 심어 놓기로 했어. 지도자에게 뇌물을 넉넉히 주어 가며 말이지. 영국은 오스만 제국 땅이었던 이라크에도 꼭두각시 역할을 할 새 지도자를 앉혔어. 영국은 이 나라의 외교와 국방 같은 중요한 문제들을 주물렀고, 경제를 관리할 수 있는 권한도 얻었어. 페르시아에서도 비슷한 일이 벌어졌어. 영국 사람들은 페르시아 사람들 위에 군림하며, 현지 주민들을 냄새 나고 엉큼한 짐승들이라 멸시했어. 이라크에서는 영국 공관 정원을 넓히려고 현지 주민들의 집을 부수는 일도 있었어. 그러나 힘 있는 사람들은 영국을 지지하는 대가로, 과거 오스만 제국에 속해 있던 땅을 어마어마하게 넘겨받았어. 현지 주민들은 땅에 대한 권리를 잃으며 먹고살기 막막해졌어. 사람들은 외국인들이 남의 나라에 와서 감 놔라 배 놔라 하는 것에 분개했지. 특히 석유 사업으로 큰돈을 벌고 있는 사람들이 분노의 대상이었어.

이는 대항해 시대 때 서유럽 국가들이 아메리카에서 보물을 빼앗아 가던 모습을 떠오르게 해. 400년 전에 부가 한 대륙에서 다른 대륙으로 흘러 들어갈 때도, 그 땅에 살던 주민들에게 돌아간 것은 없었어. 마음대로 국경선을 긋고 세계 자원을 나누어 가지려는 모습마저 과거 에스파냐와 포르투갈이 해 온 것과 똑같았지.

서아시아 사람들이 느끼는 증오심과 박탈감은 단지 돈만의 문제가 아니었어. 당시 세계 곳곳에서 식민주의에 반대하는 목소리가 걷잡을 수 없이 힘을 얻고 있었어. 식민지 사람들은 더 이상 먼 나라에서 온 유럽인들의 지배를 받지 않고 스스로 정부를 세우려고 했지. 1929년, 인도에 러시아에서는 레닌이 '평화·빵·토지'라는 구호를 외치며, 전쟁으로 시름하던 나라에 새로운 미래상을 제시했어. 이 시기, 러시아에서는 극히 적은 몇몇 사람들이 아주 넓은 땅을 차지하고 있었지. 많은 사람들은 이를 보며 분노했어.

레닌과 그의 동지들은 1917년, 혁명을 일으켜 정권을 빼앗았어. 이후 처참한 내전이 벌어졌고 소련이라는 새 국가가 탄생했지.

서는 '푸르나 스와라지'라는 독립 선언을 했어. 인도는 당장 영국과 관계를 끊고 완전한 독립을 얻어야 한다고 주장했어. 법적으로 식민지는 아니었지만 이라크와 페르시아 사람들도 영국의 손아귀에서 풀려나는 것이 빠르면 빠를수록 좋다고 생각했지. 이들의 과제는 다른 나라의 간섭 없이 미래를 스스로 결정하는 것이었어. 반면 영국의 과제는 어떻게든 이를 막아 내는 것이었지.

1920년대와 30년대는 모든 것이 급격히 변하던 시기였어. 러시아는 제1차 세계 대전이 끝나기도 전에 혁명에 휩쓸렸지. 혁명을 이끈 지도자 레닌은 황제가 다스리던 러시아 제국을 무너뜨리고 1922년, 소비에트 사회주의 공화국 연방을 세웠어. 소비에트 연방을 소련이라고도 부르지. 레닌과 그를 따르는 공산주의자들이 권력을 잡고 방대한 땅을 통치하면서, 소련에서는 수백만 명이 죽어 나갔어. 내전과 폭력, 질병과 굶주림은 사회주의 이상을 이루기 위해 치러야 할 대가였지.

이 새로운 체제의 지도자는 제국을 다스리던 황제만큼 강력하거나, 오히려 그보다 더 힘 있는 존재였어. 레닌에 이어 스탈린이 그 자리에 올랐지. 스탈린의 통치 아래 수많은 주민들이 체포돼 강제 노동 수용소로 추방되거나 처형되었어. 소련은 의혹과 소문만으로도 죽음에 이를 수 있는 나라가 되었어.

독일 역시 제1차 세계 대전 이후 극적인 변화를

겪었어. 전쟁에서 패배하고 굴욕적인 협상을 맺으며 휘청거렸지. 독일은 지금 상태에서 얼마나 더 버틸지 알 수 없었어. 독일을 영광스러운 미래로 이끌겠다는, 과격한 정치인들이 설쳐 댈 완벽한 무대가 마련된 거야. 독일 사람들은 히틀러를 둘러싼 나치스 당의 추악한 반유대주의를 못 본 체했지.

소련과 독일, 이 두 나라는 원래 극과 극인 관계였어. 그런데 놀라운 일이 일어났어. 1939년, 두 나라가 서로 공격을 하지 않기로 약속을 맺은 거야. 원수였던 두 나라가 손잡은 이유는 영국과 프랑스 때문이었어. 히틀러를 견제하기 위해 영국은 이렇게 윽박질렀어. 만약 독일이 폴란드를 위협한다면, 영국은 폴란드에 할 수 있는 모든 지원을 쏟겠다고 말이야. 이런 주장은 폴란드의 안전을 보장하기는커녕 비운을 맞게 했단다. 바로 히틀러와 스탈린이 독일과 소련, 두 나라에 끼어 있는 폴란드를 침공한 뒤 나누어 갖기로 한 거야. 그뿐만 아니라 히틀러는 스탈린에게 석유·철·밀 등도 지원받기로 했어. 히틀러는 싱글벙글거렸지. 소련과 맺은 동맹은 베르사유 조약 때 빼앗긴 땅을 되찾게 해 주고, 독일의 미래도 보장해 줄 터였어. 히틀러는 부하 장군들을 불러 놓고 자신의 계획을 이렇게 말했어.

"우리는 아무것도 잃을 게 없소. 우리에게는 다른 방도가 없소. 마음에서 연민을 지워 버리고 잔인하게 행동하시오."

소련에서 정치범들은 강제 노동을 해야 했어. 많은 사람들이 가혹한 형벌을 견뎌 내지 못하고 죽었단다.

제 1 4 장

재난으로 가는 길

1939년 9월 1일, 독일 군대는 국경을 넘어 폴란드로 쏟아져 들어왔어. 이에 영국과 프랑스가 독일에 선전 포고를 하며 제2차 세계 대전이 시작되었지. 영국과 프랑스 둘 중 어느 나라도 폴란드에 더 이상 도움을 주지 못했어. 영국 비행기가 독일 상공으로 날아갔지만, 이들이 뿌린 것은 폭탄이 아니라 종이, 즉 전단이었어. 전단 내용이 독일 국민의 사기를 떨어뜨릴 거라는 억지스러운 이유를 댔지.

그 사이 중앙아시아에는 소련의 손길이 뻗치고 있었어. 영국 외교관들은 소련이 언제라도 공격에 나서 인도로 이동할 것이라고 예측했어. 영국은 소련이나 독일, 어쩌면 두 나라 모두에게 서아시아에서 쥐고 있는 석유를 빼앗기지 않을까 우려했어. 오래지 않아 바로 그 일이 계획되었어. 독일은 서아시아와 중앙아시아 지도자들의 지지를 얻기 위해 많은 노력을 기울였지. 영국에 등을 돌리는 대가로 솔깃한 제안도 했어. 한 독일 고위 관리는 아프가니스탄 지도자에게, 영국에 맞서 독일을 지원해 준다면 많은 북인도 땅과 항구도 넘겨주겠다고 약속했어.

이러한 계획은 아무런 성과를 내지 못했지만, 놀랍게도 히틀러는 이슬람 세계에서 대단한 인기를 누리고 있었어. 그가 부르짖는 반유대주의가 이슬람 학자들의 생각과도 잘 통했기 때문이야. 유대인을 '쓰레기이자 병균'에 빗댄 한 이슬람 최고 종교 지도자는 히틀러의 등장을 환영했단다.

히틀러는 다른 이유로도 이슬람 세계에서 공감을 얻었어. 히틀러는 '아리아인'이라는 인종이

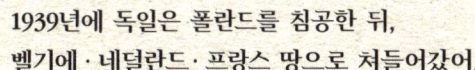

1939년에 독일은 폴란드를 침공한 뒤, 벨기에·네덜란드·프랑스 땅으로 쳐들어갔어.

가장 우수하다고 믿고 있었어. 그는 독일에서 다른 인종과 섞이지 않은 아리아인의 순수 혈통을 지켜 내야 한다고 주장했지. 그런데 히틀러가 내세우는 '아리아인 우월주의'를 페르시아 사람들은 자신들의 새로운 정체성으로 삼기 시작했어. 아리아인이 고대 페르시아에 살던 민족이라는 점 때문이었지. 결국 페르시아는 나라 이름도 '이란'으로 바꾸었어. '아리아인의 땅'이라는 뜻이었어.

이라크에서도 '아랍 사회주의 부흥당'이라는 정당을 세우면서 히틀러가 이끄는 나치스의 선전에서 많은 것을 따 왔어. '과거의 영광을 되찾는다.'라는 뜻에서 정당 이름을 '부흥당'이라고 한 것도 그중 하나이지. 히틀러는 사우디아라비아에서 온 대표단에게 이렇게 말했단다. 우리는 같은 적과 맞서 싸우고 있다고 말이야. 모두의 적인 유대인들을, 언젠가는 하나도 빠짐없이 독일 땅에서 몰아낼 것이라고 했어.

독일은 폴란드를 무찌른 뒤 벨기에와 네덜란드, 그 다음 프랑스를 공격했어. 프랑스는 순식간에 무너지며 한 달여 만에 항복했지. 이제 유럽의 주인은 히틀러가 된 거야.

히틀러는 전쟁이 시작되기 전부터 옛 러시아 제국이 차지한 드넓은 초원 지대를 마음에 두고 있었어. 초원 지대는 과거 유목민들의 목장에서, 농사지을 수 있는 땅으로 서서히 변하고 있었어. 땅이 워낙 기름져서 곡물 생산량도 엄청나게 늘었어. 독일이 그곳을 차지한다면, 제1차 세계 대전이 끝난 뒤처럼 독일 국민들을 굶주리게 하지 않을 거라고 히틀러는 말했어. 이 시기 독일은 어떻게든 식량 문제를 해결해야 했어. 유럽 곳곳에서 전투를 치르는 동안 식량과 물자가 점점 바닥나고 있었고, 식료품 파는 가게 선반도 텅텅 비어 있었지. 농사지어야 할 사람들이 군대로 불려 가는 바람에 먹을 것이 부족해진 거야. 몇몇 나치스 지도자들은 신경을 곤두세우며 물었지. 먹을 것이 충분치 않다면 전쟁을 왜 한단 말인가?

대답은 분명했어. '누런 밀이 넘실거리는 드넓은 들판'을 손에 넣으면 '독일 국민과 온 유럽 사람들이 배불리 먹고도 남을' 곡식이 보장될 거라는 이야기였어. 이제 독일이 할 일은 소련을 공

격해 이 땅을 빼앗는 것이었어.

소련은 워낙 땅이 넓어 지역마다 지리나 기후가 달랐지만 크게 두 구역으로 나눌 수 있었어. 바로 곡식이 '남는' 구역과 '모자라는' 구역이었어. '남는' 구역은 곡식이 자라는 들판이 있는 남부였고, '모자라는' 구역은 곡물이 생산되지 않는 북부였어. 독일의 계획은 바로 '남는' 구역을 점령하는 것이었어. 독일이 남부 밀밭을 차지한다면 '모자라는' 구역에 사는 수백만 명은 틀림없이 굶주리게 될 것이었어. 그러나 이 죽음을, 독일을 먹여 살리기 위해 치러야 하는 대가로 여겼지.

1941년, 독일군은 국경을 넘어 놀라운 속도로 쳐들어갔어. 1939년에 소련과 맺은 동맹을 깨 버린 채 말이야. 독일군은 9월에 도시 키예프를 함락시켰고 12월에는 소련 땅 깊숙이 들어와 모스크바에 이르렀어. 승리가 곧 손에 잡힐 듯했으나 곧 어려움이 닥쳤어. 우선 동쪽으로 진격하는 동안 목숨을 잃은 병사 수가 예비군보다 훨씬 많았어. 적의 영토로 들어온 병사들에게 전투 물자를 전달하기도 쉽지 않았지. 거침없던 진격이 멈추면서, 북아프리카에서 서아시아로 밀고 들어가려던 계획도 엉켜 버렸어.

한편, 소련 도시들이 차례대로 함락되고 있다는 소식에 이란 사람들은 환호했어. 과거 러시아 제국 시절부터 소련과 원수지간이었으니까. 영국도 이란에 독일을 지지하는 분위기가 퍼져 있음을 눈치챘지. 이란이 언제든 히틀러 쪽으로 붙을 거라는 생각에 영국은 불안해졌어. 마침내 영국은 이라크 바그다드와 이란 테헤란 모두를 점령하기로 했어. 이란 땅은 소련에게 무기와 물자를 공급하는 통로로 이용되었지. 이란은 자신들과 아무 상관없는, 유럽 열강들의 다툼에 휘말리고 말았어.

미국도 나서서 독일에 맞서는 소련을 지원했어. 미국 정부는 히틀러를 물리치기 위해 필요한 일은 다 할 거라고 선언했지. 앞서 독일과 맺은 동맹이 깨져 버린 뒤, 소련은 영국·미국과 어색한 동맹 관계를 맺게 된 거야.

이 어려운 상황에서 독일은 또 다른 문제에 맞닥트렸어. 소련을 침공한 지 몇 주일 지나지 않아, 독일은 소련 남부에서 거둘 수 있는 곡물이 기대했던 양에 턱없이 모자라다는 것을 알게 되었지. 식량이 금방 바닥나 수백만 명이 굶어 죽을 것이라고 예측되었어. 이제 독일은 해법

영국의 처칠과 미국의 루스벨트, 소련의 스탈린은 전쟁에서 승리하는 방법과, 그 뒷일을 의논하기 위해 여러 차례 만났어.

을 찾아야 했어. 굶주림의 고통을 누가 당해야 하는지 가려내기로 한 거야.

곧 전쟁 포로에게 더 이상 식량을 주지 말라는 명령이 떨어졌어. 처음에는 부상이 심해 노동을 할 수 없는 포로들이 그 대상이었고, 한 달 뒤에는 일할 수 있는 포로들 식량까지 줄여 버렸어. 그러자 포로 대부분이 굶어 죽고 말았어. 식량 문제를 해결하기 위해 더욱 끔찍한 방법도 쓰였어. 수백 명을 한곳에 모아 둔 뒤 유독 가스를 먹이는 것이었지.

히틀러가 이끄는 나치스는 식량 부족 문제를 유대인 대학살로 해결하고자 했어. 유럽 각지에서 잡아 온 유대인들을 노동을 할 수 있는 사람들과 할 수 없는 사람들로 나눈 뒤, 노인·병자·여자·아이들같이 일할 수 없는 사람들은 모두 가스실로 보냈어. '홀로코스트'로 잘 알려진 이 '유대인 대학살'을 유대인들의 언어로는 '쇼아'라고 해. '재앙'이라는 뜻이란다.

얼마 지나지 않아 독일에 맞선 반격에 가속도가 붙었어. 탱크와 비행기, 무기와 보급품들이 영국 런던과 미국 워싱턴에서 소련 모스크바로 수송되었어. 독일군은 수도 베를린 쪽으로 계속 밀리며 점령지를 하나씩 빼앗겼어. 한때 유럽의 주인이었던 히틀러는 절망에 빠졌지. 1945년이 되자 독일은 마침내 영국·미국·소련으로 이루어진 연합군에게 무너졌어. 연합군 병사들은 베를린을 함락하며, 히틀러가 온 유럽을 정복하여 완성하고자 했던 '제3제국'의 꿈을 깨뜨려 버렸어. 히틀러는 자신이 유럽에 세울 제국이 1000년을 이어갈 것이라고 확신했지만, 실제로 독일은 겨우 12일 버티다 항복했지.

독일과 운명을 같이해 오던 일본도 파탄 났어. 독일의 동맹국인 일본은 동남아시아와 태평양 지역에서 잇달아 끔찍한 싸움을 벌이며 수많은 사람들을 죽음으로 내몰았지. 원자 폭탄이 일본

히로시마와 나가사키에 떨어지며, 전쟁은 마침내 끝났어. 이 신무기의 파괴력이 얼마나 어머어마했는지 설명하기란 불가능했어. 제2차 세계 대전이 끝난 뒤, 핵무기는 모두에게 두려운 존재가 되었어. 핵전쟁이 터진다면 인류는 종말을 맞게 될 것이었지.

전쟁이 끝나기도 전부터 연합군 부대는 폐허가 된 베를린 돌무더기에서 미리 승리를 축하했어. 영국 총리 윈스턴 처칠과 미국 대통령 프랭클린 루스벨트, 그리고 소련 지도자 스탈린은 한 자리에 모여, 히틀러가 패배한 뒤 세계를 어떻게 주무를지 이야기했어. 수많은 사람들의 운명이 이 세 사람에 의해 결정되었지. 때로는 너무 즉흥적으로 정해져, 처칠은 나중에 문제가 되지 않도록 회담 내용이 적힌 쪽지를 불태우자고 했어.

제2차 세계 대전이 막을 내린 지 1년도 안 돼 새로운 대결 구도가 만들어졌어. 이번에는 소련과 서방 사이의 대결이었어. 유럽 여러 나라들이 하나씩 공산주의 소련의 통제 아래 떨어지며, 유럽은 둘로 쪼개지고 있었어. 처칠은 이를 지켜보며 유럽 대륙에 '철의 장막'이 드리웠다고 경고했어.

이제 20세기 후반 이야기는 자본주의와 공산주의를 앞세운 미국과 소련, 두 나라의 싸움이 될 터였어. 바로 차가운 전쟁, '냉전'이라고 불리는 시기가 시작되지. 초강대국인 이 두 나라는 45년에 걸쳐 우리에게 낯익은 지역에서 치열한 경쟁을 벌인단다. 바로 '실크로드'를 따라서 말이야.

제 1 5 장

깨달음으로 가는 길

제2차 세계 대전으로 강대국의 관심은 온통 석유로 쏠렸어. 미국에서 작성된 한 보고서는 서아시아 석유를 '역사를 통틀어 가장 큰 전리품'이라고 했어. 이 내용은 영국의 주목을 끌었지. 서아시아에서 확보한 석유를 미국에 빼앗기지는 않을까 영국은 초조해졌어.

영국이라는 제국은 서서히 지고 있었어. 1947년에 영국이 철수하면서, 인도는 힌두교를 믿는 인도와, 이슬람교를 믿는 파키스탄으로 각각 독립했어. 두 나라로 분리된 뒤 파키스탄 땅에 살던 힌두교도는 인도로, 인도 땅에 살던 이슬람교도는 파키스탄으로 이동했는데 그 과정에서 수백만 명이 학살되었어. 아프리카에 있던 영국 식민지들도 독립을 요구하고 있었어. 식민지 사람들은 이제는 자신들의 운명을 스스로 책임지고 싶어 했어.

딘 애치슨이라는 미국 장관은 영국이 파산 직전에 있다고 말했지. 만약 석유 수입까지 확 줄어든다면 영국은 정말 망할지도 몰랐어. 여기에 불을 지피듯, 이란 정치인 모하마드 모사데그는 이런 약속을 내걸었어. 자신이 총리가 되면 영국이 독점하던 석유 산업을 나라에서 직접 운영하겠다고 말이야. 1951년 봄, 모사데그가 총리가 되며 우려했던 것이 현실이 되자, 영국은 눈엣가시인 그를 끌어내리기로 결정했어. 미국 정보 요원들과 접촉해 무력으로 정권을 빼앗기로 한 거야. 서아시아에서 서방 세력을 몰아내려던 모사데그는 결국 체포되고 말았지. 모사데그를 피해 외국으로 도망갔던 이란 왕은 아무 일 없었다는 듯 돌아와 이란을 통치했어. 영국과 미국을 등

깨달음으로 가는 길

이란 왕과 왕비는 1953년에 로마로 도망쳤으나 곧 다시 돌아왔어.

에 업은 채 말이야.

이란 사람들이 영국을 혐오하는 것은 너무도 당연한 일이었어. 영국 사람들의 무리한 요구와 업신여김에 넌더리가 났지. 영국은 자기네 이익을 위해서라면 무슨 일이든 저지를 것처럼 보였어.

이는 이란 사람들만 느끼는 것이 아니었어. 이집트·시리아·이라크에서 아프가니스탄에 이르기까지, 많은 사람들 눈에 영국과 미국은 오직 제 잇속만 차리는 것처럼 보였어. 이 강대국들은 자기네에게 협조할 지도자들이 정권을 잡을 수 있도록 기꺼이 자금을 지원했고, 방해가 될 사람은 마음대로 쫓아냈지. 서방 세계에 협조하는 지도자와 그 주변 사람들은 많은 혜택을 누렸고, 사회는 더욱 불평등해졌어. 부자들의 재산은 터무니없이 크게 늘었고 가난한 사람들은 아무것도 가진 게 없었지.

1950년대 중반이 되자 국민들도 들고 일어섰어. 이집트 사람들은 수에즈 운하를 강제로 점령한 영국에 강력히 항의했어. 1956년, 이집트 혁명가 나세르는 수에즈 운하를 국유화하여, 주인 노릇을 하던 영국이 더 이상 발붙이지 못하게 했지. 그러자 그해 10월, 수에즈 운하를 둘러싼 전쟁이 시작되었어. 영국과 프랑스, 여기에 이스라엘까지 힘을 보태 이집트를 공격했어. 이집트는 이에 맞서 외세를 몰아내는 데 성공하며, 수에즈 운하를 나라에서 직접 운영할 수 있게 되었어. 이 일로 영국은 고개를 들 수 없게 되었고, 서방에 반대하는 분위기가 걷잡을 수 없이 번졌어.

이 상황을 지켜보던 소련은 싱글벙글하며, 미국 케네디 대통령에게 으스댔어. 썩은 과일이 뚝 떨어지듯, 실크로드 지역 나라들이 자기네 손안에 떨어질 것이라고 말이야. 그러자 소련이 이 지역을 넘보지 못하도록, 미국은 이란·파키스탄 등에 돈을 쏟아붓기 시작했어. 무기와 항공기도 아낌없이 지원했지.

이 시기 미국과 소련의 경쟁은 더욱 치열해졌어. 두 나라 모두 핵무기를 개발하는 데 열을 올렸지. 이러다 다시 전쟁이 벌어지지는 않을까 세계는 숨죽여 지켜보고 있었어. 핵무기 사용은 곧 지구가 파멸될 수 있다는 것을 뜻했으니까. 두 나라의 경쟁은 우주에서도 이어졌어. 누가 먼저 사람을 우주로, 달로 보내느냐를 놓고 말이야.

1956년 영국과 프랑스는 낙하산 부대를 투입해 수에즈 운하를 점령하려고 했어. 그러나 실패했고, 이집트 나세르는 영웅이 되었어.

그런데 미국이 쏟아부은 지원금은 몇몇 사람들의 배만 불려 주었고, 서민들은 치솟는 물가로 하루하루 버티기 어려웠어. 많은 사람들이 보기에, 미국은 포악한 지도자들을 떠받치는 데 너무나 열심이었어. 이런 행동은 미국에 대한 믿음을 갉아먹었지. '자유의 나라'라는 미국이, 정작 자유를 짓밟는 독재자의 든든한 버팀목이 되고 있으니 말이야. 서아시아 독재자들이 자신을 비판했다는 이유로, 재판도 없이 감옥에 보내고 고문해 죽여도 미국은 모른 척했어.

이러한 모순은 미국 안에서도 마찬가지였어. 미국 남부에서는 여전히 흑인이 차별받으며, 버스 맨 앞자리에 탈 수도, 투표를 할 수도 없었지. 그러자 1950년대와 60년대에 인종 차별에 반대하는 시민운동이 벌어졌어. 마틴 루터 킹 목사는 피부 색깔에 상관없이 모든 사람이 동등한 권리를 누려야 한다고 외쳤어. 마침내 흑인도 법 앞에 평등한 존재로 인정받게 되었지.

한편, 1960년대와 70년대에 석유 수요가 크게 늘며 석유 값도 갑자기 뛰었어. 석유가 나는 나라에서는 돈이 넘쳐 나며 씀씀이도 커졌지. 1963년, 한 해 동안 이란에서 쓴 돈은 3억 달러가 채 되지 않았으나, 불과 15년 뒤에는 무려 73억 달러를 썼어.

석유로 벌어들인 돈은 주로 무기를 사는 데 쓰였어. 1970년대 중반에 서아시아에서 사들인 무기가 전 세계에서 판매된 양의 반을 넘었어. 1978년까지 6년 동안 이란에서 지출한 방위비는 거의 열 배 늘었고, 이라크에서는 국가 예산의 40퍼센트를 무기 사는 데 사용했어. 이 많은 돈은 미국과 영국의 무기 회사로 흘러갔지. 이들은 총·대포·탱크 같은 무기뿐 아니라 핵 기술까지 팔아넘겼단다. 이는 핵무기 개발로 이어졌어.

1000년 전, 유럽이 동방에서 나는 향신료와 사치품에 목말라 있을 때, 문제는 이 비싼 값을 어떻게 치를 수 있느냐는 것이었어. 이번에도 서방 세계는 없어서는 안 될 '검은 금', 석유를 살 돈이 필요했어. 그 옛날에는 노예를

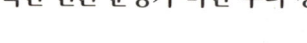

흑인 인권 운동가 마틴 루터 킹

잡아 와 물건 값을 댔다면 이번에는 무기 판매였던 거야.

서방 세계에서는 이러한 거래가 양쪽 모두에 도움이 될 거라고 했어. 무기를 만든 강대국들은 굉장히 큰 이익을 보았지만, 이란 주민 대부분의 삶은 나아지지 않았어. 1970년대 이란 사람들의 40퍼센트가 영양 부족에 시달렸지. 그러다 1979년, 이란의 상황은 완전히 달라진단다. 혁명이 시작된 거야. 이란 혁명가 호메이니는 국민들에게 이렇게 외쳤어. 이제는 들고 일어나야 할 때라고. 군인들이 총을 쏘고 우리를 죽일지라도 겁내지 말라고.

상황이 긴박해지자 미국에 기대 왔던 이란 왕은 더 이상 물러날 곳이 없었어. 그는 간단한 성명을 발표했지.

"내가 좀 피곤해서 쉬러 가야겠습니다."

그러고는 나라를 떠났어. 이것이 그의 마지막이었어. 이란 왕이 자리에서 물러나며 권력은 서방 세계에 강력히 반대하는 호메이니에게 넘어갔어. 미국은 실크로드 지역에서 가장 큰 동맹자를 잃게 된 거야.

호메이니는 정권을 잡자마자, 미국이 이란 땅에 세워 둔 정보 시설을 폐쇄했어. 이 시설은 미국이 소련을 감시하기 위해 세운 것이었지. 이 중요한 수단을 졸지에 잃게 된 미국의 눈길은 아프가니스탄으로 향했어.

소련은 이를 조심스럽게 지켜보고 있었어. 과거 이란이 미국 쪽으로 돌아섰듯, 아프가니스탄도 미국에 넘어갈지 모른다는 걱정에 휩싸였지. 소련은 마침내 결정을 내렸어. 아프가니스탄을 침공하기로 말이지. 소련 군대가 남쪽으로 내려와 아프가니스탄으로 진격하고 있다는 소식에, 미국은 어쩔 줄을 몰랐어. 소련의 다음 목표는 이란인 듯했지.

이란 혁명가이자 종교 지도자인 아야톨라 호메이니

이듬해 1980년 가을, 이란은 이라크의 기습 공격을 받았어. 이렇게 시작된 전쟁은 10년 가까이 이어졌지. 이 공격 뒤에 누가 숨어 있는지, 이란은 더 묻고 따질 필요도 없이 당연히 미국일 것이라고 주장했어. 하지만 미국이 이 전쟁에 관여했다는 확실한 증거는 없단다. 1982년 여름이 되자, 이란 병사들은 이라크군을 몰아내고 국경을 넘어 이라크 땅으로 진격했어.

이라크가 점점 궁지에 몰리는 것이 미국에게는 하늘이 준 기회였어. 미국은 소련과 이란에 맞서 이라크를 적극 돕기로 했어. 이라크 경제를 지원하고 전쟁에 필요한 무기도 기꺼이 내주었지. 이라크가 독가스 같은 화학 무기를 사용한 것은 법에 어긋나는 일이었지만, 미국은 이를 눈감아 주었어. 그리고 이라크 지도자인 사담 후세인과도 가까이 지냈지. 후세인은 10년 넘게 이라크를 지배했단다.

그러나 문제는 미국이 이라크를 지원하면서 그들의 적인 이란과도 대화를 시작했다는 거야. 미국은 이란에 몰래 무기를 팔기 시작했어. 다른 나라에는 이란에 절대 무기를 팔지 말라고 경

이라크는 1991년, 쿠웨이트에서 철수하며 유전 수백 곳에 불을 질렀어. 쿠웨이트 하늘은 온통 검은 연기로 뒤덮였지.

고해 놓고서는 말이야.

 이 비밀이 밝혀지며 당시 미국 대통령이었던 레이건은 자리에서 물러나야 할 처지에 내몰렸어. 레이건 대통령은 기억이 잘 나지 않는다며 대답을 얼버무렸지. 이라크 지도자 사담 후세인은 미국이 이란과 거래했다는 소식을 듣고 거의 기절할 지경이었어. 이라크를 지원한다고 하면서 뒤에서는 이란을 돕다니! 가장 믿을 만한 동맹자로 생각해 온 미국에게 속았다며 씩씩거렸지. 후세인은 미국의 무기 판매가 '등 뒤에서 칼을 꽂는' 비열한 짓이라고 마구 떠들어댔어.

 "미국인들을 믿지 마시오! 미국인들은 거짓말쟁이들이오!"

 후세인은 미국이 자신을 해코지하려 한다고 확신했어. 미국은 신뢰를 회복하기 위해 이라크에 돈을 빌려주는 등 여러 노력을 기울였지만, 이라크는 이마저 또 다른 함정일 거라고 생각했지. 이후 사담 후세인은 점점 더 공격적으로 변했고 1990년, 아무런 명분 없이 쿠웨이트를 침공했어. 그가 예전부터 눈독 들이던 유전을 차지하려는 것이었어.

그러자 이듬해 1월, 미국 부시 대통령은 쿠웨이트에 군대를 보내기로 결정했어. 연합군이 조직되어, 군사 작전이 시작된 지 6주 만에 이라크군을 몰아냈지.

이라크가 쿠웨이트를 침공하기 직전인 1980년대 후반에는 소련 군대가 아프가니스탄에서 철수했단다. 소련군이 아프가니스탄을 떠날 수밖에 없었던 가장 큰 이유는 무자헤딘이라는 무장 단체 때문이었어. 이 단체는 미국에서 어마어마한 무기를 받아 소련군을 물리칠 수 있었지. 미국의 지원을 밑거름 삼아, 훗날 탈레반이라는 강경한 무장 단체로 성장하고 아프가니스탄에서 정권을 잡게 되지.

어쨌든 아프가니스탄에서 소련을 몰아내려던 미국의 계획은 성공했고, 얼마 안 가 소련 공산주의는 붕괴되었어. 미국은 냉전에서 승리를 거두었다며 환호했지. 공산주의가 붕괴되며 독일 분단의 상징이었던 베를린 장벽도 1990년에 무너졌어. 제2차 세계 대전 후 동서로 분단된 지 41년 만에 통일을 이룬 거야. 반면 소련은 열다섯 개 독립 국가로 나뉘었지.

이 시기 중국에서도 큰 변화가 일어났어. 지도자 덩샤오핑은 개방 정책을 펼치며 놀라운 경제 발전을 이루어 냈고, 남아프리카공화국에서는 피부 색깔로 사람들을 분리했던 인종 차별 정책이 폐지되었어.

1990년대 초가 되자 세계는 안전하고 평온해진 듯했어. 미국은 쿠웨이트에서 군사 행동을 끝내고, 이라크 바그다드로도 더 이상 진격하지 않겠다고 선언했지. 그러나 비밀리에 다른 계획을 세우고 있었어. 한때 친구였으나, 지금은 적이 된 사담 후세인을 몰아내려는 것이었지. 미국은 오사마 빈 라덴 같은 테러범들을 잡아내는 일에도 뛰어들었어. 테러 조직 알 카에다가 1998년, 케냐와 탄자니아에 있는 미국 대사관을 폭파하여 224명이 사망하는 일이 벌어졌어. 더욱 절박해진 미국은 알 카에다 최고 지도자인 오사마 빈 라덴을 처치하기로 했지.

그런데 이슬람 세계에서는 테러를 일으킨 빈 라덴에게 오히려 동조하는 분위기였어. 그동안 미국이 해 온 정책들은 이슬람 세계를 분열시키고 자원을 빼앗기 위한 것이었으며, 이슬람 세계는 서방 세계에 너무 오랫동안 굴욕과 수모를 당했다고 느꼈기 때문이지.

2001년 9월 11일 아침, 미국에서 테러범 19명이 비행기 넉 대를 납치했어. 이 중 일부는 고의로 추락시켰고, 두 대는 뉴욕 쌍둥이 빌딩으로 그대로 돌진했지. 충격에 휩싸인 미국은 '테러와의 전쟁'을 선포하며 빈 라덴이 숨어 있는 아프가니스탄에 그를 넘겨 달라고 요구했어. 그러나 아프가니스탄 탈레반 정권은 이를 거절했지. 미국은 바로 아프가니스탄으로 쳐들어갔어.

미국이 빈 라덴을 찾아내기 위해 온갖 노력을 기울인 것은 사실이지만, 이보다 더 중요한 계획은 따로 있었어. 미국은 더 큰 그림을 그리고 있었지. 이참에 아프가니스탄과 국경을 맞대고 있는 아시아 중심부를 뜯어고치려는 것이었어. 미국의 이익과 안전이 보장될 수 있도록 말이야. 그러니 9·11 테러는 아프가니스탄뿐 아니라 이라크·이란까지도 손댈 수 있는 빌미를 미국에게 준 것이었어. 다만 미국이 이 일을 어떻게 시작하느냐가 문제였지.

미국은 드디어 그 해답을 찾았어. 바로 이라크를 공격할 그럴 듯한 명분을 만들어 낸 거야. 사담 후세인이 화학 무기나 핵무기를 비밀리에 만들며 세계 평화를 위협하고 있다는 이유였지. 이라크에서 정말 이런 일이 벌어지고 있다는 증거도 없었고, 후세인이 알 카에다가 저지른 테러와 관련이 없었음에도 미국은 2003년, 이라크를 공격했어. 그 무렵에 미국은 하늘과 땅에서 동시에 공격을 퍼부으며 아프가니스탄 탈레반을 주요 도시에서 몰아낸 상태였어. 3월이 되자, 미국이 이끄는 연합군은 이라크 바그다드를 점령하고 후세인 정부를 무너뜨리기 시작했지. 모든 것이 계획대로 착착 이루어지는 듯했어.

그러나 후세인을 몰아내는 데에만 집중했을 뿐, 이라크 장래에 대해서는 깊게 생각하지 못했어. 미국은 이라크에 새로운 정부를 세우고 무너진 이라크를 다시 세우는 일을 주도했어. 이 일에는 엄청난 돈이 필요했지만 미국은 쉽게 생각했어. 이라크는 석유가 많이 나기 때문에 비용도 충분하고, 재건도 빨리 이루어질 거라고 믿었지. 이러한 희망찬 전망과 달리 이라크는 혼란 속으로 빠져들었어. 게다가 몇 년 동안 빈 라덴은 잡히기는커녕 틈만 나면 미국을 조롱하는 메시지를 발표했어. 그의 메시지는 지지자들이 서방을 더 공격하도록 부추겼지. 빈 라덴은 결국 2011년에 붙잡혀 살해되었지만, 아시아 중심부를 통제하려던 미국의 계획은 사실상 실패였어.

제 1 6 장

새로운 실크로드

2013년 9월, 중국 시진핑 주석은 카자흐스탄 수도 아스타나에서 연설을 했어. 동서양을 잇는 이 지역에서 살아온 사람들은 인종과 종교, 문화를 뛰어넘어 2000년 넘게 공존해 왔다고. 그리고 중앙아시아 국가들과 협력하는 것이 중국에게는 매우 중요한 일이라고 덧붙였어. 그는 경제적으로 더욱 협력을 다지고 무역을 늘리기 위해 '실크로드 경제 지대', 다시 말해 새로운 실크로드를 만들겠다는 야심찬 계획을 발표했어.

이 계획은 나중에 '일대일로'로 불려. 중국이 주도하는 이 계획은 이미 그 효과를 보고 있지. 수십억 달러가 투자돼 도로·다리·고속 열차가 지나는 길이 지어지고, 발전소·송유관·공항 등도 들어서고 있어.

아시아의 등뼈, 실크로드 지역뿐만 아니라 아프리카나 유럽에서도 투자가 크게 늘었지. 중국은 자원과 물자가 풍부하고 시장이 발달한 나라에 집중 투자하고 있어. 대표적으로 중앙아시아 지역 나라들이지. 이 나라들은 석유·천연가스·알루미늄·구리가 풍부하고, 원자력 생산에 필요한 우라늄도 많이 난단다. 중국의 투자 규모는 입을 다물지 못할 만큼 어마어마하지만, 투자가 이루어질 곳과 그 너머에 미칠 중국의 영향력도 엄청나지. 이런 일들은 지난 30년 동안 세계 무역 방식에 크나큰 변화가 생기며 가능해졌어.

1990년부터 아시아 경제는 놀랍게 성장했단다. 어느 정도이냐면, 세계에서 가장 유명한 축구 팀 가운데 일부는 서아시아 지역과 러시아·중국 출신 사람들이 소유하고 있어. 파리 생제르맹, 첼시, 맨체스터 시티, AC 밀란 같은 팀들이지. 세계적으로 유명한 기업 역시 그래. 세인즈버리스, 힐튼호텔, 디즈니랜드 같은 기업 대주주에도 동양인이 포함되어 있지.

아시아 경제가 빠르게 성장하면서 서아시아에서 중국의 태평양 연안에 이르는 지역에서는 미술관과 대학, 학교들이 잇따라 들어서고 있어. 두바이·도하·쿠알라룸푸르·상하이·아스타나 같은 도시에는 힘차고 긍정적인 에너지가 넘쳐흐르지. 마치 고대 실크로드를 따라 세워진 오아시스 도시를 보는 것 같아.

지중해 동부에서 중국 태평양 연안에 있는 여러 나라들은 서로 더 가까워지려고 부지런히 노력하고 있어. 상하이 협력기구, 튀르크 평의회, 유라시아 경제연합 같은 기관이나 조직을 만들어 무역 장벽을 낮추려고 한단다. 수천 년 전, 실크로드를 따라 여행하고 교류해 온 모습처럼 말이야.

점점 떠오르는 아시아 눈앞에는 뛰어넘어야 할 장애물도 많아. 투자를 받아 내는 게 늘 쉽지만은 않은 일이라, 경제 발전에 꼭 필요한 공공시설을 짓는 데 어려움을 겪고는 하지. 세계화에 대응하는 방식 때문에 문제가 생기기도 해. 미국과 유럽에서는 자기 나라 산업을 보호하기 위해 무역을 규제하고, 국경을 넘어오는 물건에 세금을 물리고 있지.

또 아시아 몇몇 국가들은 서로 사이가 좋지 않아, 협력해 나가는 게 말처럼 쉽지 않단다. 특히 파키스탄과 인도, 그리고 이란과 사우디아라비아는 여전히 서로를 위협하며 심각한 갈등을 빚고 있어. 아이에스나 알 카에다 같은 테러 단체들도 문제야. 이들의 목적은 평화가 아닌 불화의 씨를 뿌리는 것이지. 이와 더불어, 정보를 그 어느 때보다 빠르게 주고받을 수 있게 한 과학 기술도 문제가 될 수 있어. 과학 기술은 우리 생활을 편리하게 하지만, 자칫 세계를 위험에 빠뜨릴 수 있지.

역사가 우리에게 주는 교훈이 하나 있다면, 서로 협력하고 함께 번영을 누려야 한다는 거야. 그래야 안정되고 평화로운 세상이 비로소 찾아왔다고 말할 수 있겠지.

21세기가 시작되고 20년 동안, 위기는 늘 우리 가까이 있었어. 그래서 과거를 아는 일은 더욱 중요해졌어. 과거를 살피다 보면 오늘날 변화하는 세계를 이해할 수 있으니까. 실크로드는 오래전부터 그랬듯 오늘날에도 매우 중요하지. 새로운 시대가 시작되며, 실크로드가 다시 한 번 세계 중심으로 떠오르고 있단다!

감 사 의 말

나는 즐거운 마음으로 이 책을 썼어. 《실크로드 세계사》를 새로이 어린이 독자들에게 보이기 위해 화가인 닐 패커와 일하는 것, 책을 어떻게 만들지 고민하는 일도 재미있었지.

이 책이 나오기까지 감사해야 할 분들이 많아. 우선 출판사 블룸스버리 사스키아 귄과 클레어 존스는 처음부터 끝까지 모든 면에서 뛰어난 사람들이었어. 끊임없이 조언과 지지를 해 준 캐서린 클라크와 그 동료들에게도 감사해. 이분들은 마치 내 생각을 읽는 듯했어. 그리고 우스터 칼리지 학장과 연구원들, 옥스퍼드 대학 역사학부 동료 교수에게도 큰 도움을 받았어.

언제나 그랬듯, 아내 제시카가 없었다면 이 책을 쓸 수 없었을 거야. 이 책 모든 장마다 아내의 격려와 인내, 친절이 배어 있어. 아내는 이 책이 내게 어떤 존재인지 잘 알고 있었지. 우리 부부는 사랑하는 아이들이 걸음마를 할 때부터 이렇게 일러 주었어. 오늘날 세계를 이해하려면 과거를 먼저 알아야 한다고. 그리고 세계 일부분이 아닌 전체를 살펴야 한다고.

이 책을 내 아이들 캐터리나, 플로라, 프랜시스, 루크에게 바친다. 아이들아, 이 책을 쓰는 내내 나에게 좋은 자극이 되어 주었단다. 너희들이 스스로 생각하는 것 이상으로 말이야.

2018년 4월, 페루 쿠스코에서
피터 프랭코판

알고 보면 더 재미난 실크로드 이야기

❈ 세계가 만나는 길, 실크로드 ❈

실크로드란 | '실크로드'를 우리말로 하면 '비단길'이야. '비단'길이라고 해서 혹시 비단이 쫙 깔린 길을 상상했니? 하하, 물론 아니야. 그렇다고 비단만 오간 길도 아니었지. 실크로드가 어떤 길인지 알려면 몇 천 년 전 세계를 떠올려야 해. 오늘날 우리는 멀리 아메리카와 아프리카까지 전 세계를 다 알지. 그런데 자동차나 비행기 같은 교통수단이 없던 옛날에는 알 수 있는 세계가 지금보다 훨씬 좁았어.

몇 천 년 전, 우리나라도 고작해야 일본·중국 정도를 알고 지냈어. 그게 우리가 아는 세계의 전부였어. 그런데 서쪽에는 우리가 잘 모르던 세계가 있었어. 서쪽 지중해 연안과 서아시아 지역 사람들도 서로 왕래하며 살고 있었지. 이 서쪽 세계와 우리나라가 속해 있는 동쪽 세계는 서로 어렴풋하게만 알았어. 아메리카나 아프리카 남쪽에 대해서는 전혀 몰랐지. 아주 옛날부터 사람들은 필요한 물건을 다른 나라와 주고받으며 살았어. 그게 무역이야. 지금은 전 세계 여러 나라와 무역을 하지만, 옛날에는 교통이 불편해서 주로 좁은 세계 안에서 이루어졌어. 그렇다고 동쪽과 서쪽에 있는 두 세계가 전혀 교류하지 않은 것은 아니야. 돈을 얼마든지 주고라도 귀한 물건을 가지려는 사람과, 그런 사람들에게 물건을 구해다 주려는 상인은 늘 있었으니까. 상인들이 물건들을 실어 나르던, 동쪽과 서쪽 세계를 연결하는 길을 '실크로드'라고 부른 거야. 상인들이 실어 나른 상품 가운데 가장 인상적인 것이 '비단'이었거든.

실크로드는 어디를 말할까 | 처음에는 중국 서부에서 중앙아시아를 거쳐 지중해 지역으로 가는 길만을 실크로드라고 했어. 가는 길에 '타클라마칸 사막'이 있었는데 그 크기가 어마어마했어. 남북한을 합친 한반도의 1.5배나 되었지. 물 한 방울 나지 않는 이 끝없는 사막을 자동차도 없이 건너려면 어땠을까? 얼마 못 가 지쳐 쓰러졌겠지. 오죽하면 '타클라마칸'의 뜻이 '한번 들어가면 살아서 나올 수 없는 곳'이라는 이야기도 있단다. 이곳을 건너던 상인들은 사막 가장자리에 점점이 늘어선 오아시스들을 따라 걷고 또 걸었대. 상인들이 목숨을 걸고 나른 물건들은 엄청나게 비싼 값에 팔렸지.

나중에 몽골 칭기즈 칸이 오늘날 중국에서 동유럽에 이르는 지역을 모두 정복하며 동쪽 세계와 서쪽 세계를 연결하는 길을 잘 닦아 놓았어. 덕분에 상인들은 그 길로 편하게 물건을 실어 나를 수 있었어. 바로 몽골 초원과 중앙아시아 카자흐스탄 초원을 거치는 길이야. 이후 항해 기술이 발달하면서 중국 남쪽 바다에서 인도양을 거쳐 지중해 지역으로 이어지는 바닷길도 많이 이용되었지. 그래서 타클라마칸 사막을 거치는 본래 실크로드 외에, 북쪽에 있는 초원길과 남쪽 바닷길까지 모두 실크로드라고 부르게 되었단다.

실크로드로 오간 것 | '실크'로드라고 해서 비단만 오간 건 아니라고 했지? 비싼 값을 받을 수 있다면 상인들은 뭐라도 실어 날랐지. 동쪽 세계에서 서쪽 세계로 전해진 물건 가운데는 비단 말고 도자기도 있었어. 우리나라 고려자기도 유명했지. 높은 온도에서 도자기를 굽는 기술은 동쪽 세계에서만 알고 있었기 때문에 서쪽 세계는 비싼 값을 주고 수입해야 했어.

반대로 서쪽 세계에서 동쪽 세계로 수출한 대표적인 물건은 유리야. 유리 만드는 기술은 서쪽 세계가 뛰어났거든. 우리나라에서도 삼국 시대에 만들어진 무덤에서 유리로 된 유물들이 발굴되었는데, 역시 서쪽에서 실크로드를 통해 전해진 것들이지. 유리는 로마에서 만든 게 가장 유명했고, 나중에 로마가 쇠퇴하면서 페르시아 유리가 이름을 날렸어.

지금은 값도 싸고 하찮아 보이는 후추 같은 향신료도 옛날에는 값이 어마어마했어. 입맛을 돋우기도 하지만, 향신료로 병을 치료할 수 있다고 믿었거든. 오늘날 인도네시아나 인도 등에서 나는 향신료는 지중해 지역으로 주로 팔려 나갔어. 또 중앙아시아 말은 크고 튼튼해서 중국과 인도에서 인기였지.

실크로드로 상품만 오간 게 아니야. 불교도 이 길을 따라 우리나라에 전해졌지. 포도·석류·오이 같은 여러 가지 식물들도 서쪽에서 동쪽으로 왔어. 반대로 종이 만드는 기술은 동쪽에서 서쪽으로 건너갔지. 심지어 사람도 있었어. 신라 향가에 나오는 처용은 이슬람 상인이었다고 해. 고구려 벽화나 신라 돌 조각상에도 서아시아에서 온 것으로 보이는 사람들이 등장해.

❋ 세계사 제대로 보기 ❋

세 대륙 한가운데 땅 | 앞서 '세계'라는 말을 했는데 세계란 무엇일까? 우리가 알고 있는 범위, 사람들이 함께 어울려 살아가는 곳이라고 할 수 있을 거야. 지금은 지구 전체를 하나의 세계로 보지만, 앞서 말한 옛날에는 크게 동쪽과 서쪽에 두 세계가 있었던 것이지. 만약 이 두 세계가 왕래도 없이 지내 왔다면 어땠을까? 세계사도 동쪽 지역과 서쪽 지역을 따로따로 써야 했겠지? 하지만 실제로는 그렇지 않았으니, 세계사도 하나로 통합돼야 할 것 아니야? 그럼에도 많은 역사책들은 동양과 서양을 나누어 바라보고는 했지.

이 책에는 '지중해'라는 이름이 자주 나와. '지중해(地中海)'는 '땅 한가운데 있는 바다'라는 뜻이야. 옛날 서양 사람들의 세계는 지중해를 빙 둘러싸고 있는 유럽 남부와 서아시아, 그리고 아프리카 북부가 전부였거든. 이 이름에서도 알 수 있듯 자기네가 세계 중심이라고 생각한 거야. 우리 이웃에는 중국이 있지? '중국(中國)'이라는 이름은 '한가운데 나라'라는 뜻이야. 역시 자기 나라가 세계 중심이라는 것이지.

그런데 세계 지도를 떠올려 보자고. 아메리카는 오랫동안 따로 떨어져 있었으니 일단 제쳐 두고, 아시아·유럽·아프리카

세 대륙의 한가운데는 어디지? 바로 오늘날 서아시아와 중앙아시아 지역이야. 이곳이 실크로드 핵심 지역이고, 그 옛날 동쪽과 서쪽 두 세계의 연결 고리였지.

다시 한 번 떠오르는 실크로드 | 이 책은 바로 실크로드 지역을 한가운데에 놓고 역사를 바라보고 있어. 동쪽 세계와 서쪽 세계가 만나는 데 이 지역이 어떤 역할을 했는지, 이곳에서 얼마나 찬란한 문명들이 시작돼 주변에 영향을 끼쳤는지 등 말이야.

하지만 이 지역은 너무도 낯설게 느껴질 거야. 우즈베키스탄, 키르기스스탄 등 이름부터 생소할 테지. 그나마 들어 본 시리아나 아프가니스탄은 끊임없는 전쟁으로 늘 위험에 처한 나라라는 것이 우리가 아는 전부일지 몰라.

역사적으로 중요한 곳이었음에도 우리가 이 지역을 잘 모르는 건 당연해. 배울 기회가 없어서야. 학교에서도 잘 가르쳐 주지 않고, 이 지역을 다룬 책도 별로 없거든. 또 현대에 들어서는 미국과 유럽 문화가 전 세계를 휩쓸었기 때문에, 알게 모르게 서양이 세계 역사를 이끌었다는 생각에 젖어 있지.

실크로드 지역은 과거뿐 아니라 미래에도 중요한 곳이야. 이 지역에는 석유 같은 천연자원이 풍부해. 이란 등 여러 이슬람 국가들이 석유 부자인 건 알려진 지 오래지만, 아제르바이잔이나 카자흐스탄 같은 중앙아시아 국가에도 석유와 천연가스가 많아. 컴퓨터·배터리 등에 쓰이는 광물 자원, 원자력 발전에 필요한 우라늄도 이 지역에서 많이 나지.

오늘날 이곳이 다시 한 번 세계의 중심으로 떠오르고 있단다! 옛날에는 동쪽과 서쪽의 두 세계를 이어 주는 역할을 했다면, 오늘날에는 강대국들이 이 지역과 손잡으려고 경쟁하면서 주목 받고 있지. 러시아는 과거 소련이라는 한 울타리에 있던 나라들과 다시 경제적으로 가까운 관계를 맺으려고 하고 있어. 중국도 이곳 나라들에 많은 투자를 하고 있으며 미국과 유럽, 일본도 뒤질세라 열심히 손길을 뻗치고 있어.

❈ 실크로드를 지배한 유목민들 ❈

중국과 로마를 위협한 흉노 | 오늘날 몽골부터 러시아 남부에 펼쳐진 초원 지대에서는 유목민들이 말과 양 같은 가축을 키우며 살았지. 유목민들은 부족끼리 모여 이동 생활을 했는데, 여러 부족들을 통합하는 강력한 지도자가 나타나면 큰 제국을 세우기도 했어.

지금으로부터 2000여 년 전, '흉노'라는 부족이 오늘날 몽골에서 중앙아시아에 이르는 땅에 큰 제국을 세웠어. 이들이 얼마나 강력했는지, 중국을 통일한 한나라도 흉노의 침략을 받지 않기 위해 해마다 비단 같은 귀한 물건을 보냈단다. 심지어 흉노 임금에게 공주를 시집보내야 했지. 흉노 세력 중 일부는 유럽으로 건너가, 온 유럽을 호령했던 로마 제국마저 벌벌 떨게 했어. 그러고는 유럽 곳곳에 있던 여러 민족들을 쫓아내 유럽과 북아프리카에서 차례차례 민족의 대이동을 일으켰어. 그게 훈족이야. '훈'과 '흉', 발음이 비슷하지?

세 대륙을 아우른 튀르크인 | 그 뒤, 흉노가 차지했던 땅 근처에 '돌궐'이라는 제국이 들어섰어. '돌궐'은 튀르크인이 세운 나라인데, '튀르크'를 한자로 적은 게 '돌궐'이야. 오늘날 '터키'라는 나라 이름은 '튀르크'를 영어로 적은 것이고. 튀르크인은 흉노와 조상이 같대.

7세기에는 이슬람교가 탄생하며 100년도 안 돼 서쪽으로는 북아프리카와 유럽 이베리아 반도까지, 동쪽으로는 중앙아시아를 아우르는 이슬람 대제국이 세워지지. 중앙아시아에 살던 튀르크인도 이슬람교를 믿게 되었어. 거기까지는 좋았겠지만, 튀르크인들을 군인으로 부리던 이슬람 제국은 그만 이들에게 정권을 빼앗겨 버렸어. 튀르크인들은 새 제국을 세우며 이슬람 세계의 새로운 지배자가 되는데 바로 '셀주크 튀르크'야. 셀주크 튀르크는 몽골족의 침입으로 멸망하지. 이후, 튀르크인들은 오스만 제국을 세워 바다 건너 유럽까지 진출했어. 오스만 제국은 동로마 제국을 멸망시키고 600여 년 동안 강대국 노릇을 했지만, 제1차 세계 대전에서 독일 편을 들었다가 패하는 바람에 영토를 많이 빼앗겼어. 남은 땅에 다시 세워진 나라가 터키란다.

세계를 정복한 칭기즈 칸과 몽골족 | 13세기에 인류 역사상 가장 큰 제국이 탄생해. 바로 칭기즈 칸과 그 후예들이 이루어 낸 몽골 제국이야. 몽골족은 중국에서부터 동유럽과 서아시아에 이르는 드넓은 땅을 점령했고, 이를 네 나라로 나누어 다스렸지. 몽골족은 우리나라에도 쳐들어왔어. 고려는 몽골족이 세운 원나라 간섭을 받았고, 고려 임금은 원나라 공주와 결혼해 사위가 되어야 했지. 원나라와 교류가 활발해지면서 고려에 몽골 풍습이 널리 퍼졌단다.

❉ ❉ ❉

이 밖에도 서아시아를 무대로 거대한 제국을 세운 페르시아인 등 많은 유목민이 있었지만 몇 가지만 살펴보았어. 마지막으로 재미있는 사실 하나 알려 줄까? 실크로드 지역에서는 '황제'를 가리키는 말이 저마다 다르고 독특해. 페르시아인들은 '샤'라고 하고, 흉노들은 '선우'라고 불렀지. 몽골족과 튀르크인들은 '칸'(또는 '한')이라고 해. 신라에서 임금을 '거서간' 또는 '마립간'이라고 한 것을 혹시 아니? 여기서 '간'은 바로 '칸'과 같은 뿌리에서 나온 말이란다.